KINZAI バリュー叢書

銀行ならではの“預り資産ビジネス戦略”

現場を動かす理論と実践

三井住友信託銀行
井戸　照喜［著］

一般社団法人金融財政事情研究会

刊行に寄せて

マイナス金利の経済状況において、家計はこれまで以上に資産運用に注力しなければならなくなっている。その際に理論的に最も推奨される金融資産が株式あるいは不動産からなる投資信託であるが、必ずしもそれが十分に定着、利用されてきたとは言いがたい。現在、金融庁、業界をあげて、この問題点を改善するためにも「金融機関における顧客本位の業務運営を確立・定着させること」がきわめて重要とされている。受託者責任（フィデューシャリー・デューティー）の必要性である。

本書「銀行ならではの〝預り資産ビジネス戦略〟～現場を動かす理論と実践～」がこのような認識のもと、受託者責任に最も長く取り組んできた信託銀行から刊行された。本書は、銀行が「顧客本位の業務運営」と「預り資産ビジネス」とをいかに両立していくか、というテーマからまとめられている。

顧客本位の業務運営にはだれも異論はないであろうが、それをビジネスと両立させるための具体策に関しては必ずしも明確な答えがあるわけではない。本書の特徴はそれに対する「考え方や理念」を提示し、さらにビジネスの最前線で、日々、苦しみながら、「顧客本位の業務運営」と「預り資産ビジネス」の両立に長い間、真正面から取り組んできた三井住友信託銀行の取組みを包み隠さず開示している点にある。同様の課題に直面している金融機関の方々にとっても示唆に富んだ内容であり、実際、多くの金融機関関係者から出版が期待されているようである。

わが国においては、一八〇〇兆円ともいわれる個人金融資産が有効に運用・活用されてきたとは言いがたい状況であったが、このような時期における本書の刊行はきわめて意義が大きいと思われる。本書の刊行をきっかけとして、あらためて「貯蓄から投資へ」が動き始め、これまでの蓄積された国民の富（金融資産）をより効率的に増大させていく流れが加速することに期待したい。

早稲田大学大学院　教授

米澤　康博

はしがき

銀行収益は大きく「資金収益」と「役務収益」に分かれます。「資金収益」は〝お金を預かり、お金を貸し出す〟という、これまで銀行の主流となってきたビジネスからの収益です。銀行のビジネスモデルは、「人、モノ、金」すなわち「従業員、(物理的な) 店舗、自己資本」を活用して、お金を世の中でうまく循環させることで、その対価として〝利鞘〟という収益を得るものといえます。

株式市場の発達や継続的な金利低下を受けて、伝統的なビジネスである「資金収益」だけに頼ったビジネスモデルを再考する必要性が高まってきていましたが、それでも銀行全体を支えるのは「資金収益」であり、「役務収益」は本業の「資金収益」の調整弁のような役割と位置づけられてきました。資金収益が本業の収益であり、その事業を担う業務プロセス・人材育成の仕組みも長い年月をかけて確立されてきました。それに対して、「役務収益」を担う投資信託販売の銀行解禁は一九九八年、保険販売解禁は二〇〇二年で、銀行内では、まだまだ、歴史の浅いビジネスであるといえます。

たとえば、投資信託販売についていえば、解禁時には証券業界などから投資信託販売経験者を採用し、また、それまでに培った銀行の優良な顧客基盤も背景に、一見、順調に滑り出したかのようでした。たしかに二〇〇七年頃までは順調に投資信託の残高が拡大しましたが、二〇〇八年のリーマンショックでは大幅下落を経験し、お客さまはもちろんのこと、営業最前線の担当者も心を痛め、なかには「銀行に入って、お客さまに損をさせるような業務をするとは思わなかった。お客さまのためになっていないのではないか」といったことを考える担当者も少なからず出てしまいました。

資産運用ビジネスや販売会社としての哲学などがしっかりと組織に根付かないまま、二〇〇八年以降も、投資信託や保険商品の販売による「役務収益」は、本業である「資金収益」を補完する役割を果たしてきましたが、前述のとおり、「資金収益」の低下圧力が強まるに従って、「役務収益」の役割が徐々に高まり、その流れは、二〇一六年二月の「マイナス金利政策」導入で決定的となりました。いよいよ銀行内で「役務収益」は「資金収益」の補完機能という役割ではなく、「資金収益」と同様に銀行を支えていく本業の収益の一つにしていかなければならない環境になりました。

この環境に対応するためには、本業として「役務収益」を安定的に生み出していく、販売会社としての「哲学」、その哲学を支える「業務運営プロセス」や「業績評価体系」、その哲学にふさわしい「商品・サービス」、それを担う「人材育成ノウハウ」が不可欠であるといえます。しかしながら、歴史の浅い「預り資産ビジネス」には〝それら〟が十分には備わっていないことこそが、銀行の「預り資産ビジネス」の課題であると考えています。

投資信託や保険の販売業務を変革していくというならば、まずは、「哲学」「業務運営プロセス」「業績評価体系」「商品・サービス」「人材育成ノウハウ」といったもののなかで、何が不足しているのかを明確に認識することから始めることが、課題解決の〝王道〟ではないかと考えています。

本書では、三井住友信託銀行株式会社の投資運用コンサルティング部が中心となって、自身の課題を直視し、一〇年近くの間、試行錯誤を繰り返しながら変革してきた「銀行らしい〝預り資産ビジネス〟」、また、その「預り資産ビジネス」と「顧客本位の業務運営」の両立への取組みをご紹介いたします。

当社の取組みも、まだ、道半ばといったところではありますが、本書が「顧客本位の業務運営」をふまえた「預り資産ビジネス」の推進にお悩みの方々に、少しでも参考としていただけるところがあれば幸いです。

二〇一八年九月

取締役専務執行役員　土屋　正裕

目次

第1章 三井住友信託銀行の「預り資産ビジネス」への取組み（振返り）

第3章　現場における営業推進モデル（その理論と実践）

第1章

三井住友信託銀行の「預り資産ビジネス」への取組み（振返り）

1 業界全体における投資信託ビジネスの動向

本題に入る前に、投資信託業界全体における設定、解約動向がどのようになっているのか確認します。

最初にご注目いただきたいのは、日経平均株価の推移と、投資信託設定額との連動性の高さです。投資信託設定の水準は、日経平均株価の上昇局面で高まり、下落局面で低くなっていることが確認できます（図表1―1）。

投資信託をはじめとした「預り資産ビジネス」からの手数料収入の重要性がますます高まっていますが、実際には、投資信託設定額（販売額）は株価や為替などの相場動向に強く影響され、成長分野とはいえ、なかなか安定的な収益源にはなっていない状況です。

図表1―1で次にご覧いただきたいのが、囲みの部分です。囲みのなかの折れ線グラフは、設定（販売）から解約と分配金を差し引いた、いわゆる純増の推移を示しております。市場動向により多少の変動はありますが、二〇〇八年以降、ほぼ「ゼロの水準」であることがわかります。二〇一七年一〇月末時点で、投資信託の残高が一〇〇兆円を超えて

おり、一見すると日本の投資信託の残高は順調に増加しているようにみえますが、このグラフから、それは「貯蓄から資産形成へ」が大きく進展したからというよりは、株高・円安に伴って信託財産の時価がふくらんだお陰だということがわかります。

最後にご覧いただきたいのは、分配金による流出を示す棒グラフです。業界全体では、投資信託の残高の六〜一〇%程度が毎年、分配金として流出しているという状況です。

このような「投資信託ビジネスの現状」に対する金融庁のスタンスを再確認します（図表1－2）。

金融庁は、二〇一七年一〇月二五日に平成二八事務年度の金融レポートを開示し、(2)「顧客本位の業務運営の定着に向けた課題」として、足下の実態について四つの課題を指摘しています。

◆〝テーマ型投資信託〟は、「売買のタイミングが難しく、個人投資家にとってはハードルが高い商品である」

◆〝販売手数料等の現状〟は、「足下で投資信託の販売が手数料の高い商品にシフトしているが、販売手数料等の水準がサービスの対価として見合ったものか否か」

2018年 3 月、月次)

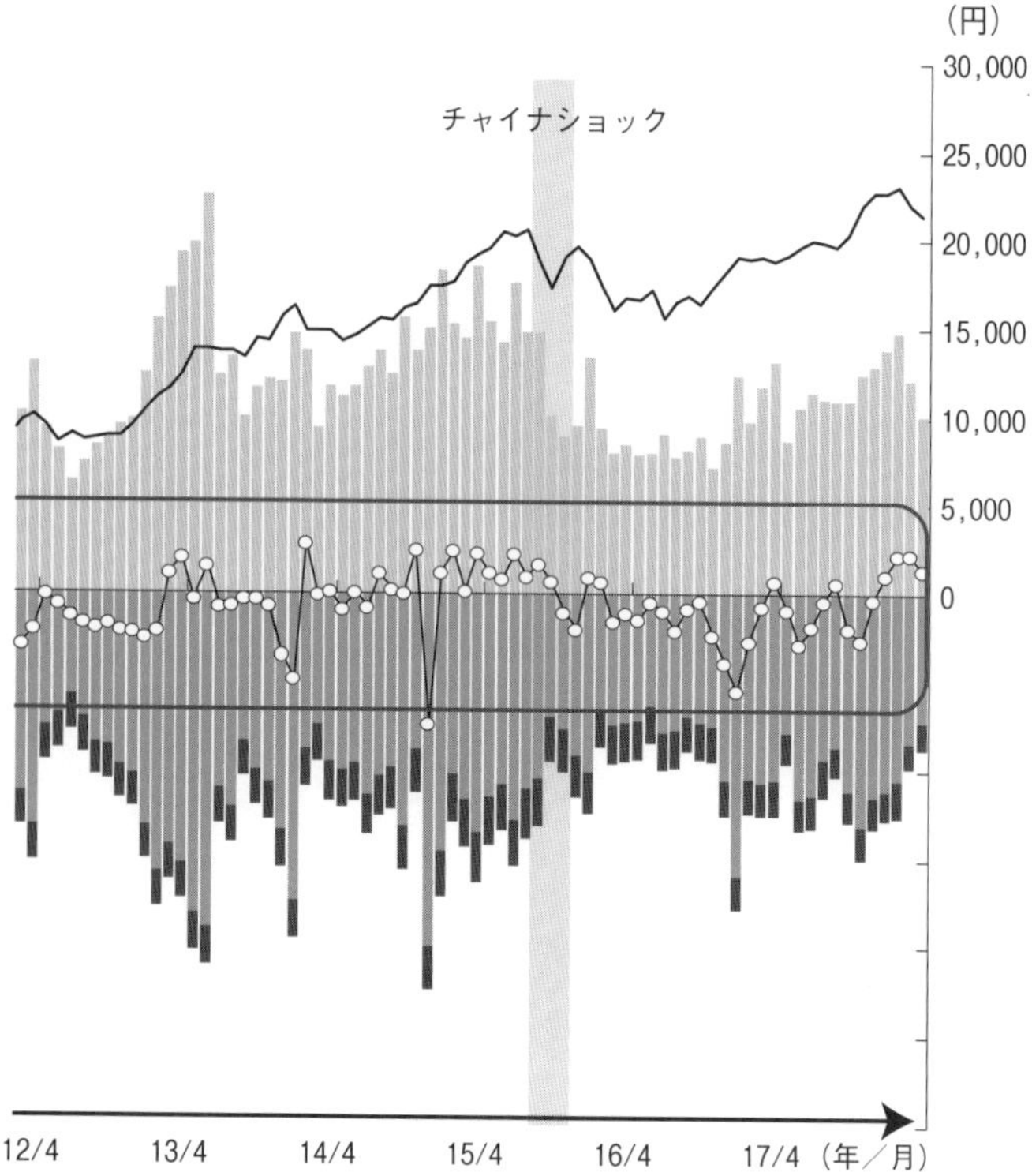

スは低調
出が残高減少圧力に

状況」のデータ（株式投信（除ETF））を使用。収益分配額は公表が始まっ

図表1－1　投資信託設定・解約と日経平均株価の推移（2005年4月～

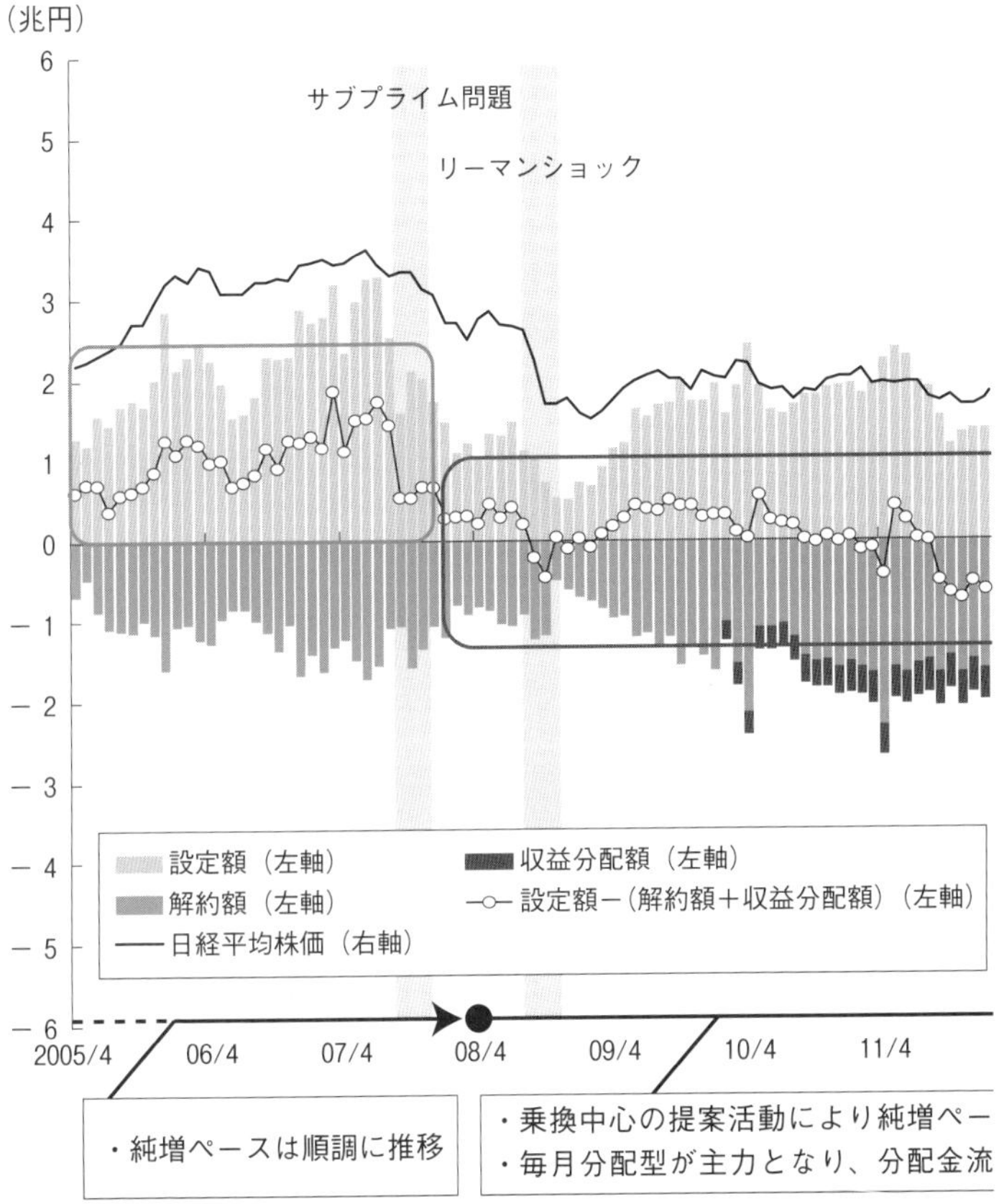

（出所）　投資信託設定・解約等は、投資信託協会「公募投資信託の資産増減
た2010年1月以降を表示。日経平均株価は、各月末の数値を使用。

図表1－2　「顧客本位の業務運営の定着に向けた課題」について

⑴　「預金取扱金融機関」の現状

資金利益の低下	■金利の低下が、わが国の預金取扱金融機関の資金利益を押し下げている ■現在の金利環境が続くと、今後においても、金融機関が保有する比較的高い金利の融資や債券が次第に低金利の融資・債券に置き換わり、資金利益の低下圧力が継続することが予想される ■こうした環境の中で、いかに持続可能なビジネスモデルを構築していくかが課題である
金利リスク等の適切なリスク管理	■現在の金利環境や資産価格を前提として有価証券運用や不動産関係の融資でリスクを取る動きがみられる ■世界的な経済・市場の動向に不確実性がある中、予期せぬ金利の上昇や資産価格の下落に直面しても、自らのバランスシートが大きく傷つかないよう金利リスク等の適切なリスク管理が重要である

⑵　顧客本位の業務運営の定着に向けた課題

テーマ型投資信託	■基本的に、テーマ型投資信託は売買のタイミングが重要な金融商品 ■適切な売買のタイミングを継続的に見極めることができる投資家はプロの中にも少ないと考えられ、個人投資家にとっては更にハードルが高いと考えられる
販売手数料等の現状	■販売額上位５商品について、販売手数料率別で見ると、３％以上の商品の割合が高まっており、足下で投資信託の販売が手数料の高い商品にシフトしつつあることが窺われる ■販売会社においては、販売手数料等の水準が顧客に提供されるサービスの対価として見合ったものか否か、同種の金融商品においてより販売手数料等が低い商品

	が存在するにもかかわらず販売手数料等が高い方を販売・推奨等していないか、顧客が正しい選択をできるよう販売手数料等の詳細について情報提供がなされているか、 といった観点から今後検証していくことが重要
毎月分配型投資信託	■毎月分配型投資信託を保有する顧客のうち、「分配金として元本の一部が払い戻されることもある」ことを認識していない割合は5割弱、「支払われた額だけ、基準価額が下がる」ことを認識していない割合は約5割に上ることから、こうした毎月分配型投資信託の商品特性について、販売会社が顧客に十分情報提供した上で、顧客が商品選択しているのかについては疑問が残る ■受け取った分配金を何に使いたいかとの質問に対して、分配金を「特に使わない」、「同じ投資信託を購入する」等の回答が相当数見られていることから、顧客ニーズを十分に確認せずに販売が行われている可能性がある
回転売買の状況	■投資信託全体の平均保有期間を見ると、2014年度より少しずつ伸びているが、3年未満の期間に留まっており、依然として、回転売買が行われていることが窺われる

（出所）　金融庁「平成28事務年度　金融レポート」（2017年10月25日）から抜粋

◆〝毎月分配型投資信託〟は、「販売会社が顧客に十分情報提供した上で、顧客が商品選択しているのかについては疑問が残る。顧客ニーズを十分に確認せずに販売が行われている可能性がある」

◆〝回転売買の状況〟は、「依然として回転売買が行われていることが窺われる」

このような当局の指摘もふまえつつ、いかに「預り資産ビジネス」を安定収益源に育てていくことができるかが販売会社に問われているといえます。

2 三井住友信託銀行の「預り資産ビジネス」に対する考え方

(1) リーマンショック後に顕在化した課題

初めに、当社における投資信託販売の経緯を振り返ります。図表1―3は、当社(旧住友信託銀行、旧中央三井信託銀行合算)の貸付信託と投資信託・投資一任残高の推移を表しています。信託銀行は一九八〇年代に登場した収益満期受取型貸付信託(ビッグ)で、長期資金運用ニーズを取り込み、顧客基盤と預り資産残高を伸ばしました。当社の貸付信託残高は、ピーク時には二〇兆円を超えるまでに増加しましたが、その後は資金需要の低下とともに減少しました。

一方、一九九八年に投資信託窓販を開始し、定期預金や貸付信託の低金利に不満をもつお客さまの資産運用ニーズをつかみ、二〇〇七年まで投資信託の預り残高を伸ばしました。しかし、順調に残高を伸ばしていたところにリーマンショックが起こりました。当社では時価にして約六七〇〇億円も投資信託の残高が減少し、その後の市場の回復局面でも、リー

図表１－３　三井住友信託銀行の貸付信託および投信・投資一任残高推移（1989年３月末～2014年３月末）

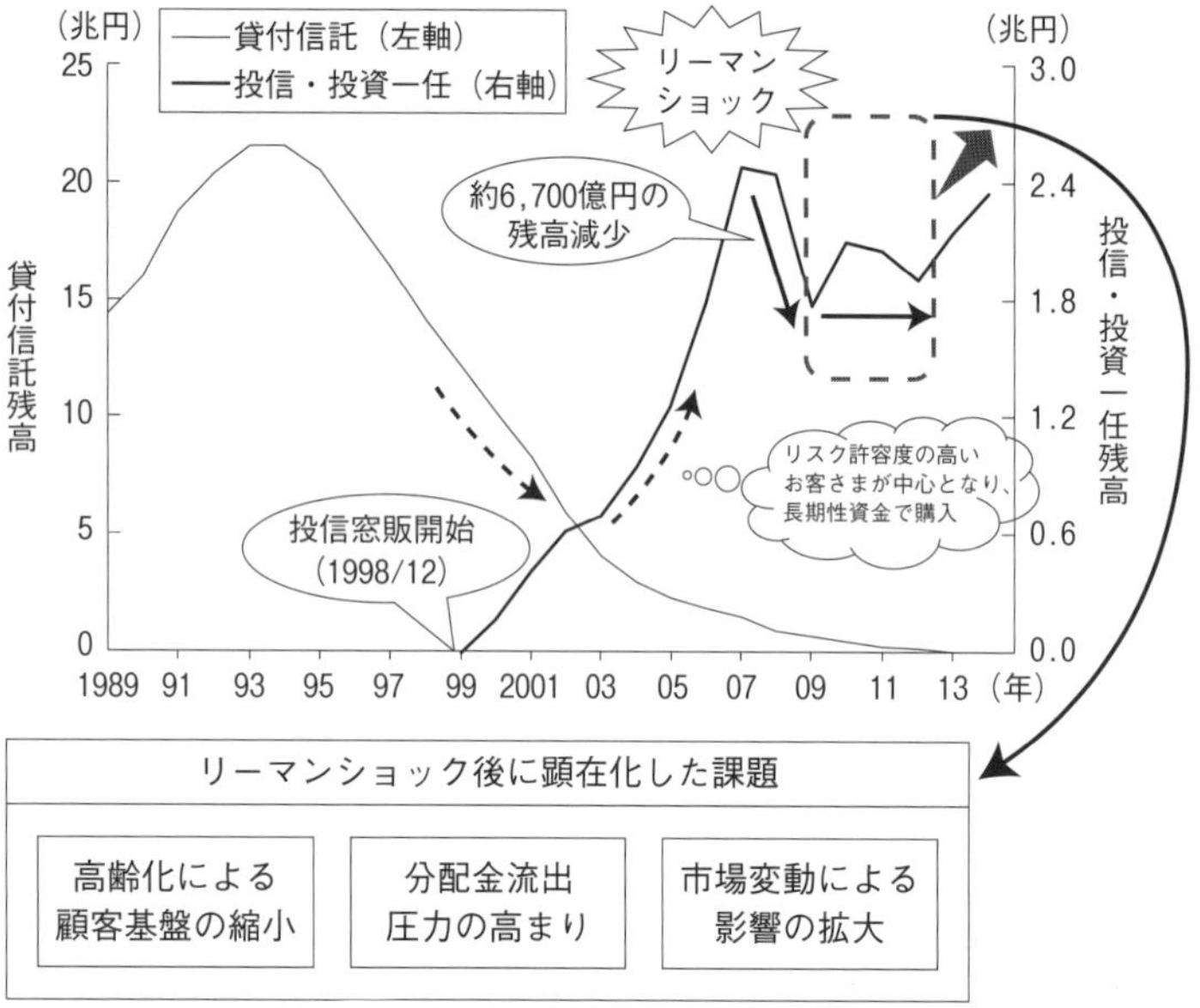

（出所）　社内データをもとに作成

マンショック以前のような勢いで残高を積み上げられない状況に陥りました。

われわれは、残高が積み上がらない背景には、構造的な「三つの課題」があると分析しました。

一つ目は顧客基盤の縮小です。一九八〇年代から一九九〇年代にかけて貸付信託で築いたメインの顧客が高齢化し、投資意欲の低下や相続の発生などで顧客基盤の縮小が顕著になっていました。

二つ目は分配金による資金流出圧力の高まりです。リーマンショック後の回復過程では、当社でも「分配金利回り」を訴求するセールススタイルの浸透により、分配金による相当な資金流出が起きていました。

三つ目は市場変動による影響の拡大でした。経済のグローバル化の進展により、かつてのように、国内マーケットが低調でも米国のマーケットは好調といったような国際分散投資の効果が低下し、各国の株式や債券、為替が同じような値動きをする傾向が強まり、投資信託の残高に与える市場変動の影響が大きくなっていました。

この「三つの課題」に対応するために、①（乗換販売ではなく）ニューマネーにこだわった投資信託販売、②分配金に頼らない投資信託販売、③市場変動の影響を大きく受けない投資信託販売——の三点に注力する必要があると考えました。

(2) コア&サテライト運用戦略をふまえた商品戦略が課題解決のカギに

国内の個人金融資産は約一八〇〇兆円といわれていますが、そのうち八〇%以上が預貯金などの安全資産となっており、株式や投資信託といったリスク性商品が占める割合は、二〇一八年三月末現在で一六％にすぎません。

図表1－4は、ラップ型運用の投資信託（コア投資戦略ファンド）を開発する際に、当時の業界動向を概観した資料です。リーマンショック以降、「貯蓄から投資へ」のムードが急速に衰えたこともあり、八〇％以上の安全資産ではなく、この約一六％の狭い領域のなかで、多くの金融機関が収益を確保しようと競争している状況にあると考えました。

メガバンクや大手証券と比較すると、当社は販売戦力や店舗網で劣後しており、このような狭い分野で勝ち抜き、自社の投資信託の残高を維持、拡大することは至難の業であると考えました。こうした状況が前述した当社の第一、第二の課題につながっていると整理しました。

この状況を打破し、同時に第三の課題も解決するためのヒントは、当時、すでに販売を開始して三年程度が経過していたラップ口座にあると考えました。銀行のお客さまの多くは「定期預金では金利が低すぎる。とはいっても、大きく資産をふやしたいとは思っていない。できるだけ安定的な運用で「定期預金＋アルファ」の成果を得たい」といった考えをもっています。

また、こういったお客さまの運用に関する悩みは「忙しくて資産運用には時間がとれな

図表1－4　顧客ニーズをどうとらえるか

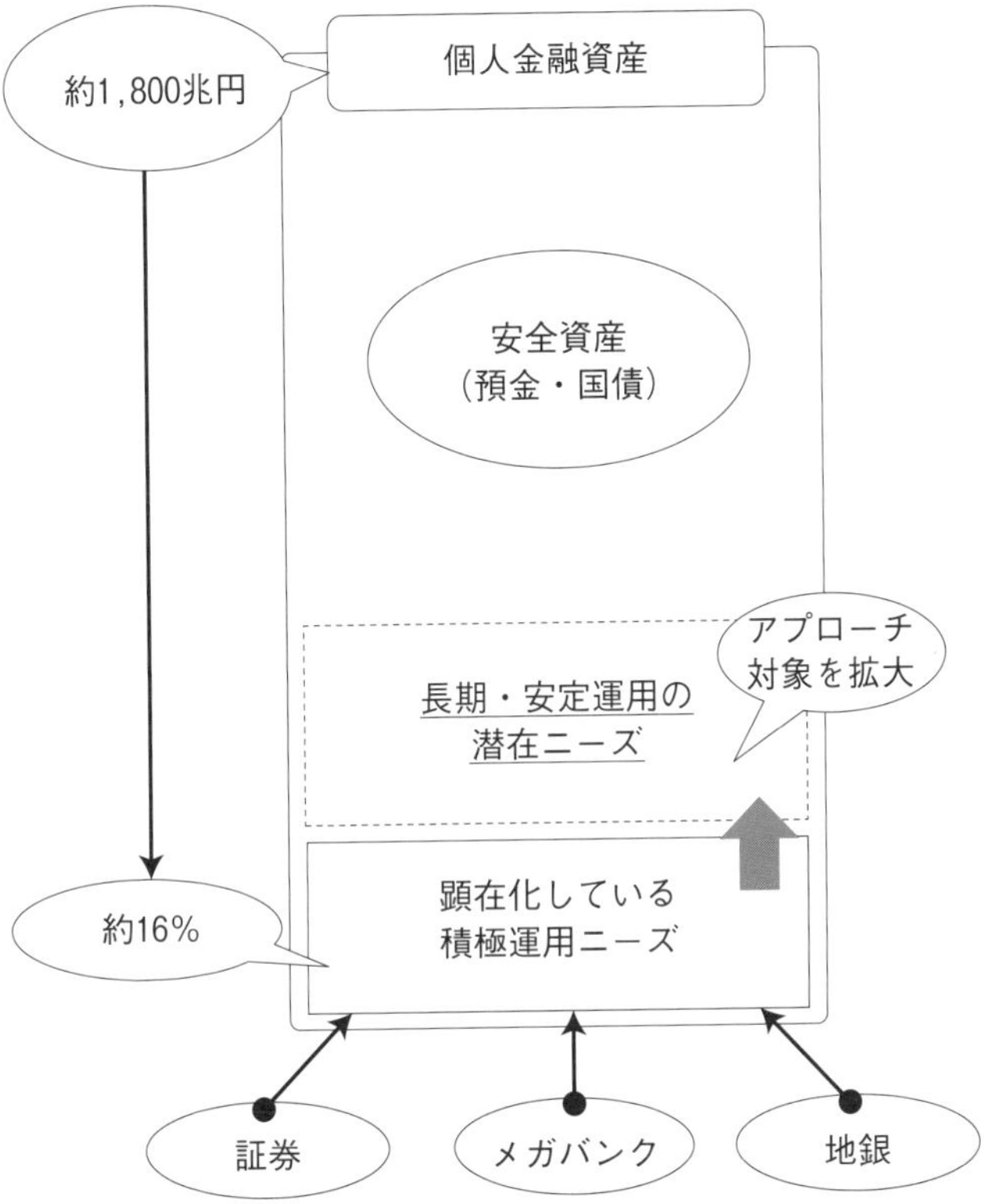

（注）　約16％：個人金融資産のうち「株式・債券・投信等」が占める割合（2018年3月末）
（出所）　日本銀行「資金循環統計」

い」「退職金などのまとまった資金の運用をしたいが、どんな方法が自分にあっているのかわからない」「投資はしているが、自分で全体の資産管理をするのはむずかしい」といったものです。そこで、さまざまな運用環境に対応し、できるだけリスク水準を抑制しつつ、「定期預金＋アルファ」程度の成果を目指す「お任せタイプの分散投資」に真の顧客ニーズがあると考えました。ラップ口座はストック重視・長期分散の象徴的な商品であり、この商品はすでに退職金などのニューマネーの取込みを徐々に拡大させつつありましたので、これにヒントを得て二つの取組みを実行しました。

一つ目は個人金融資産の八〇％以上を占める安全資産のなかにも資産運用ニーズがあると考え、そこを広く掘り起こす「入門編」といえる投資信託を開発し、ニューマネーの取込みを加速することです。

二つ目は金融資産全体を見渡して商品を提案するコンサルティング営業です。「ニューマネーの取込み」と「金融資産全体を見渡したコンサルティング」を実践する軸は、資産運用の王道といえる長期分散投資の考え方をベースとした「コア＆サテライト運用」戦略の提案ということになります。

株式や債券といった有価証券投資の本質は、世界経済の成長の果実をリターンとして享受することにあります。図表1－5の面グラフは世界の名目GDP成長率の推移を、折れ線グラフは株式、債券、分散投資（債券7：株式3）の累積収益率の推移を示したものですが、「長期」でみると、世界のGDPの拡大に沿って、株式、債券、分散投資（債券7：株式3）ともに右肩上がりになっていること、また投資資産を「分散」することで、株式のみに投資した場合と比べて収益のブレ幅を抑制し、債券のみに投資した場合と比べてより大きな収益を得られること、すなわち、比較的「安定」した成果を享受できることがわかります。

この「長期、分散、安定」をキーワードに、世界経済の成長果実を受け取る部分を「コア運用」の役割とし、その時々のマーケット環境にマッチした旬のテーマに投資し、リターンの上乗せをねらう部分を「サテライト運用」と位置づけました。そして、こうした資産運用の考え方をお客さまに対して提唱し、広めていくことが大事だと考えました。

この「コア&サテライト運用」のポイントは、「コア」と「サテライト」という二つのコンセプトを示すことで、資産運用には役割期待が異なる二つのタイプがあることを明確にすることにあります（図表1－6）。

かつては、当社でも「オーストラリアが魅力的……」とか、「次はブラジルがお勧め

き（1985年1月〜2018年3月）

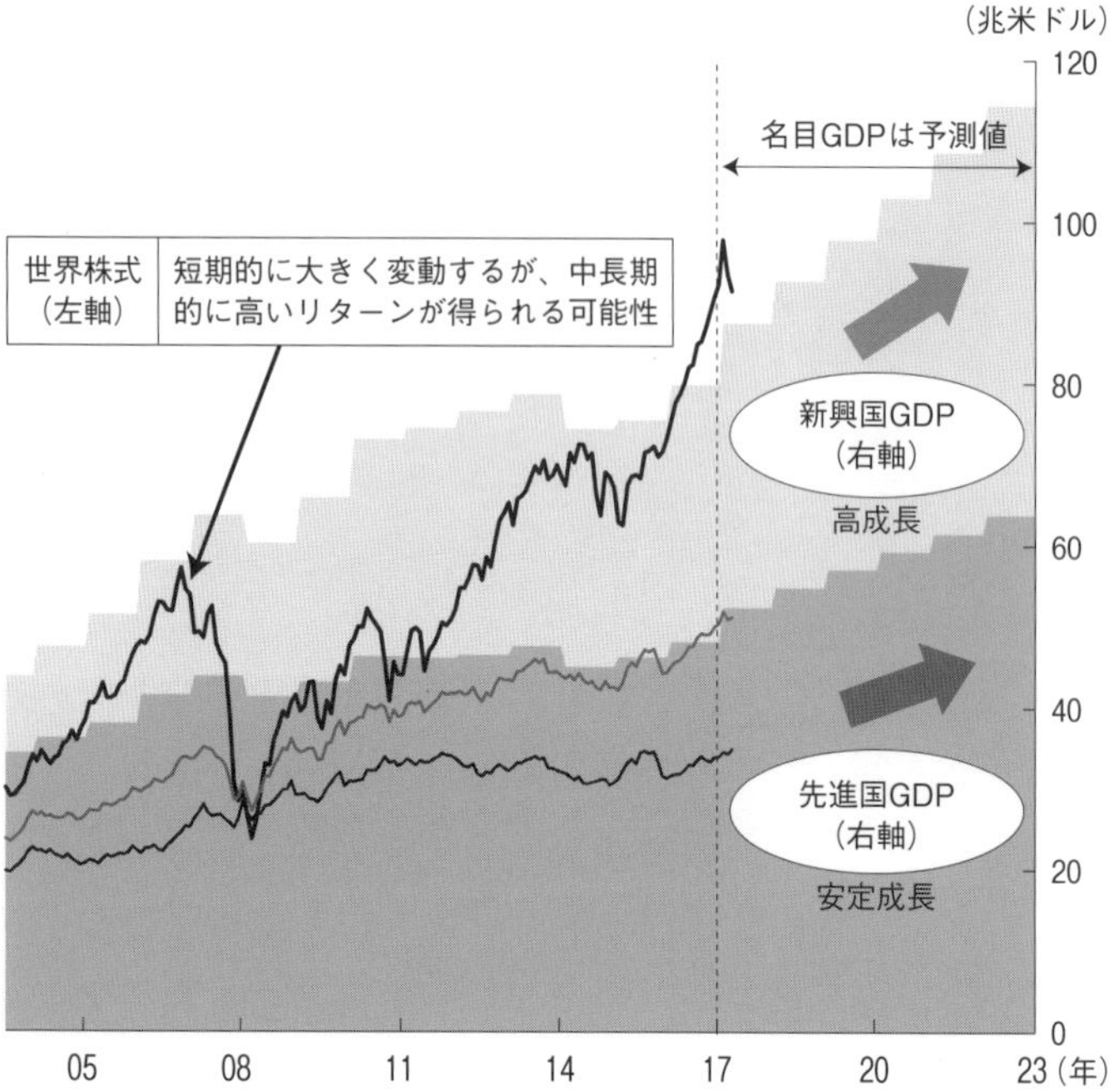

base, April 2018」（推定値を含む、米ドルベース）、2018年以降は予測値。
「世界株式」：MSCIオールカントリーワールドインデックス（グロス、米ド
資（債券7：株式3）」：世界債券7・世界株式3の比率の合成指数（分散投

図表1－5　世界のGDP（1985～2023年）と世界債券・世界株式の動

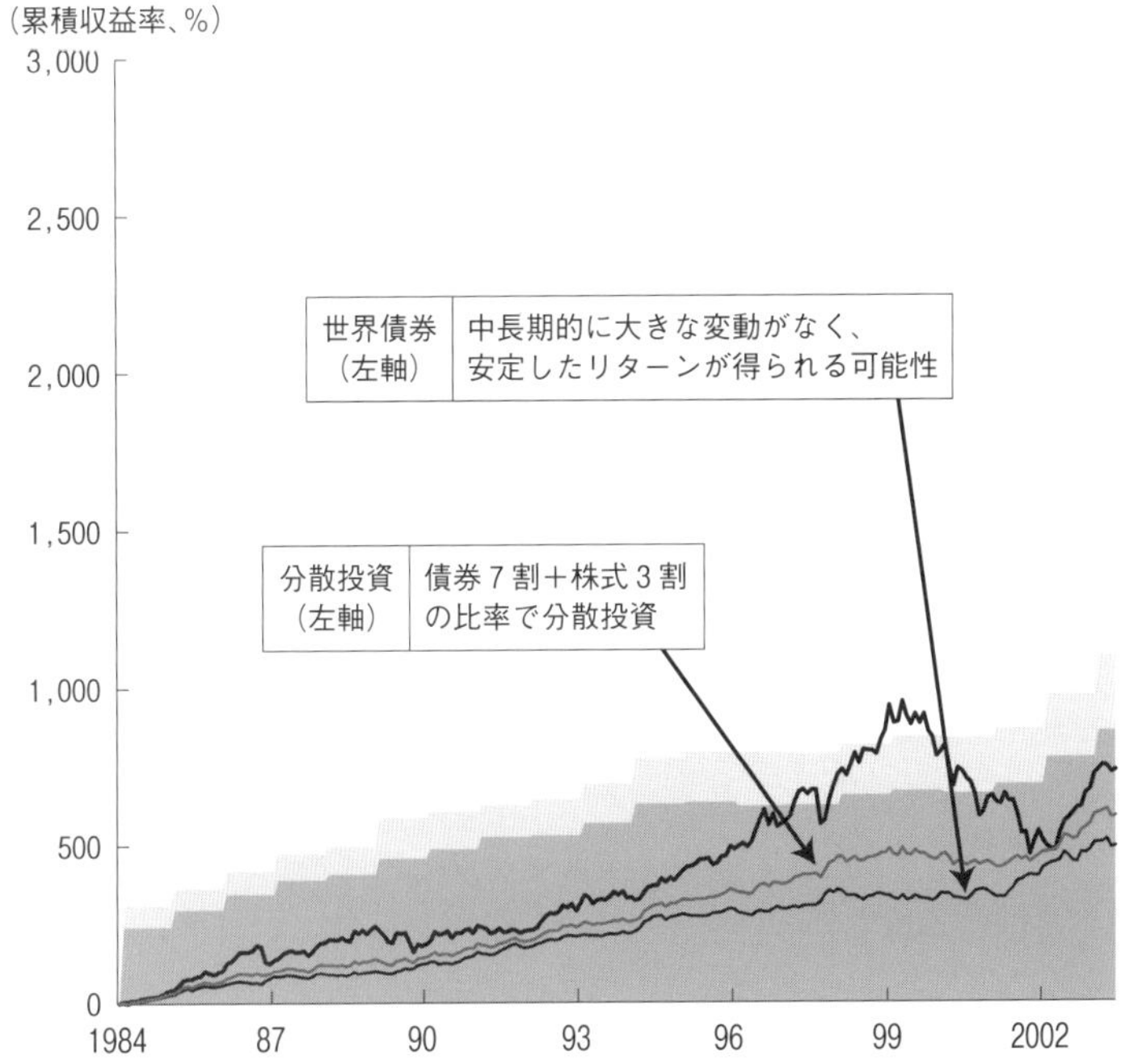

（注）「先進国GDP」「新興国GDP」：IMF「World Economic Outlook Data-
「世界債券」：FTSE世界国債インデックス（含む日本、米ドルベース）、
ルベース、1987年まではMSCIワールドインデックスを使用）、「分散投
資の一例として掲載）、いずれも1984年12月末からの累積収益率。

（出所）Bloombergのデータをもとに作成

図表1－6　「コア運用」と「サテライト運用」のコンセプト

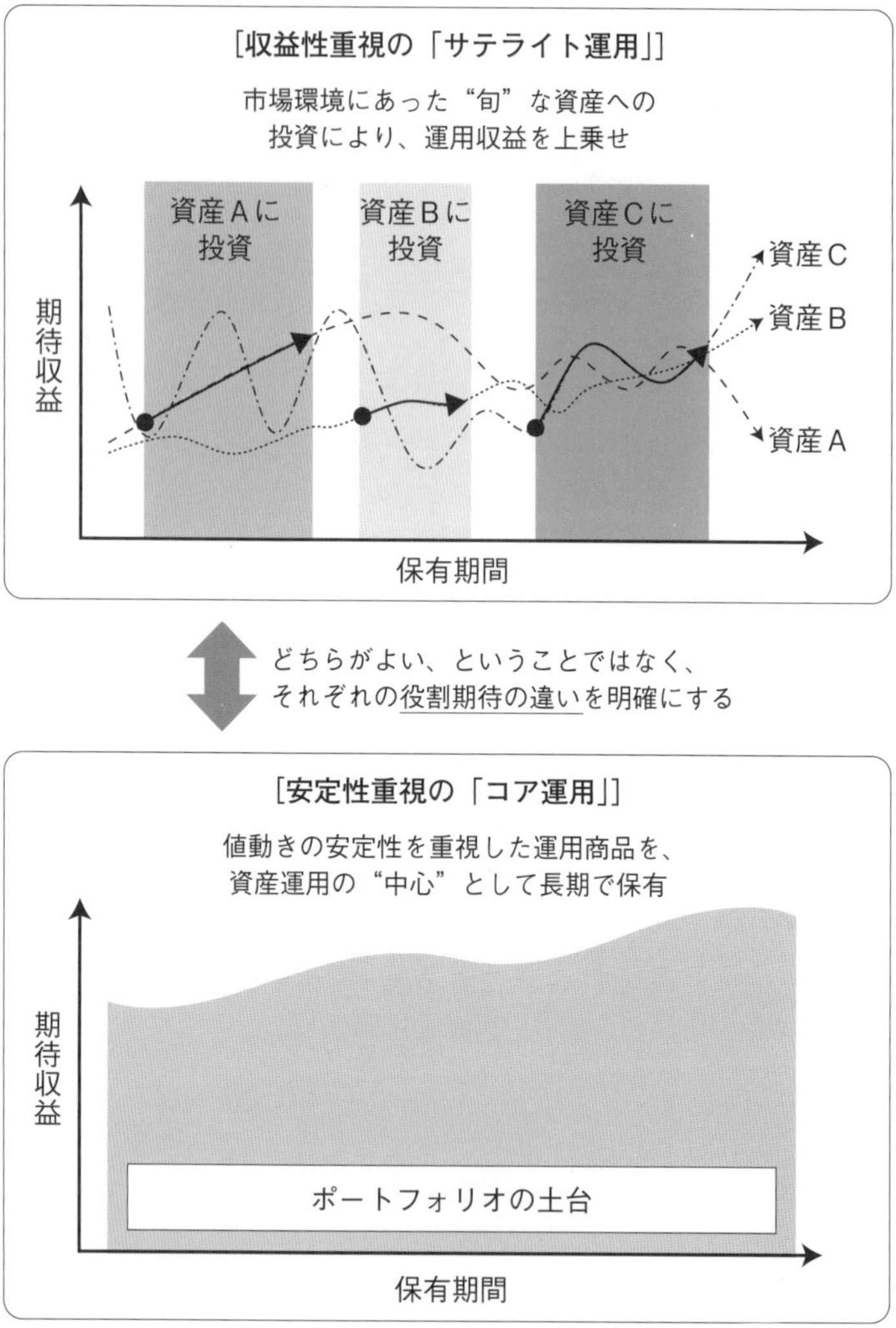

……」といったパターンのセールストークが中心でした。これらは、「コア&サテライト運用」戦略のなかでは、旬のテーマに投資してリターンの上乗せをねらう「サテライト運用」と位置づけられるとしました。このように、従来型の提案スタイルの意義も認めつつ、同時に安定志向の資金は「コア運用」に振り向け、目先の相場変動をみて右往左往せず、「このお金はじっくり投資しましょう」という提案を徹底するようにしました。

繰り返しになりますが、銀行のお客さまは安定志向が強く、資産運用のきっかけも「定期預金+アルファ」程度を期待して始めることが多いものです。そのようなお客さまに対しては「コア運用」部分をベース資産としてしっかりもちながら、ニーズに応じて複数のシナリオを示して「サテライト運用」を追加する提案スタイルがマッチすると考えました。

こういった提案がストック収益の確保につながれば、販売額重視のもとで当社が陥っていた「収益を増加するには販売額を増加させるしかない」という自縛を解くことにもなると考えました。

このように「コア&サテライト運用」を導入したことで、販売員はお客さまに対し、いまのポートフォリオのなかで「足りない部分を付け加える」という発想で商品を提案することが容易になります。お客さまも「コア&サテライト運用」の考え方を理解すれば、販売員との自然な会話の流れのなかで、新たな資金で追加投資することに納得感をもてるようになります。

われわれは、このような活動を通じて「貯蓄から資産形成へ」を推進していくことこそが金融機関の社会的使命でもあると考えました。

3 「分配売り」「相場売り」の限界

ここであらためて、「分配売り」「相場売り」の問題点を確認しておきましょう。結論からいえば、典型的な「分配売り」「相場売り」には「個別の投資信託の販売に終始し、ニューマネーを取り込むための提案がしにくくなる」という問題があります。

たとえば、分配金にフォーカスした提案をすると、お客さまの関心を引き付けるために販売員は「いま投資しているAファンドは毎月六〇円の分配金ですが、Bファンドでは毎月一〇〇円です」と切り出すことになります。お客さまは、AファンドからBファンドへ商品を乗り換えることになります。すると当然、次の提案は「いま投資しているBファンドは毎月一〇〇円の分配金ですが、Cファンドでは毎月一五〇円です」となり、分配金がより高いファンドにまた乗り換えることになります。こうした乗換販売のデメリットは、分配金が高くなるに伴って高配当を可能とするリターンを得るためにお客さまが負うリスクが大きくなることや、実際のリターンを上回る分配金の支払で元本が取り崩されて基準価額が下落することだけではありません。「AよりB」「BよりC」と分配金の高いファンドを次々と提案するため、「いま投資しているものをそのまま保有し、ほかのファンドは追加でもつ」という発想が生まれにくく、ニューマネーを取り込む提案ができなくなるという落とし穴もあります。

相場にフォーカスした提案も同様で、「このファンドは二〇%ほど利益が出ています。ところで、相場の次のテーマはこちらです」といったセールスになり、やはり乗換提案になります。こうした場合もニューマネーでの投資につながりません。

さらに、これらの販売スタイルには致命的な欠点があります。「分配売り」は分配金の高いファンドを相次ぎ設定しない限り、提案できるファンドがなくなってしまうことです。

「相場売り」でも「いつ売却すべきかわからない」といったお客さまの声をよくおうかがいします。リーマンショックの際も、迷ったり躊躇したりして売却のタイミングを逃してしまったケースが多かったようです。投資経験の浅いお客さまが相場動向だけに注目して運用した場合、結局は相場の後追いになりがちです。投資経験が浅いため、結果的に「高く買って安く売る」ことになりがちで、お客さまを成果の得にくい投資方法に陥らせる懸念があります。こうしたことが続けば、「運用成果がよかった人は運用を続け、よく

図表1－7　相場売りの限界

7割の確率で相場を当てることができた場合でも…

提案回数	顧客数	当たり	はずれ	取引継続
1回目	100	70	30	85
2回目	85	60	25	72
3回目	72	50	22	61
4回目	61	43	18	52
5回目	52	36	16	44
6回目	44	31	13	37
7回目	37	26	11	32
8回目	32	22	10	27
9回目	27	19	8	23
10回目	23	16	7	20

4回目の提案で…
➡お客さまは
ほぼ半減！

10回目の提案で…
➡お客さまは
当初の2割！

なかった人は運用をやめる」ことになります。すると「損をしたから運用はしない」というお客さまを多く生み出すことにもなりかねません。

図表1－7は、相場見通しを語ることだけに着目した場合に、七割の確率で相場を当てることができるという前提で、見通しが外れたときは、そのうち半分の顧客基盤が剥落するという前提のシミュレーション例です。七割の確率で相場を当てること自体が高い水準ですが、それでも四回で顧客基盤はほぼ半減、一〇回の提案で当初の二割程度に減少となり、「相場売り」がいかに顧客基盤の剥落につながりやすいかをご確認いただけるか

と思います。

そうなると、販売員の多くは「自分の提案がいったい、何の役に立っているか」と疑心暗鬼になり、潜在的ニーズがあるお客さまにも提案しなくなってしまいます。

こうした事態を避けるためにも、当社は一部のスーパー販売員の力量に頼るのではなく、一般的な販売員も自信をもって提案できるように「コア&サテライト運用」戦略にのっとった提案スタイルに変えることを決断したわけです。そのために実施したのが、①スキルの強化、②ウィルの強化、③指導役の役割明確化の三点です。

4 販売員のSkillとWillの強化

販売員のスキルを強化するため、提案の進め方を「お客さまの金融資産全体を俯瞰する提案」に変更することを目指しました。図表1－8の「ポートフォリオ確認ツール」は、その実現のために、当社の年金資産運用管理で培ったノウハウを活用して開発したものです。預金も含めた金融資産全体の状況把握から始め、保有している資産や通貨などに偏りがないかなどを視覚的に確認できるようにしています。

図表1－8の①は預金・保険・投信など大くくりでみた商品の構成割合、同②はそうした商品を通じて投資している株式・債券など投資対象資産の構成割合、同③は投資対象資産の通貨別の構成割合、同④は投資対象資産の所在国・地域の経済成長率、同⑤は他社預り資産を含めた投資対象資産の構成割合を示しています。このツールを活用することで、販売員がお客さまに投資信託の保有状況を説明する際、ファンドごとのパフォーマンスばかりを話題にするのではなく、金融資産全体を見渡して説明できる仕組みを構築しました。

図表１－８　ポートフォリオ確認ツール

[保有金融資産の構成]

①〈商品別構成〉

○商品全体

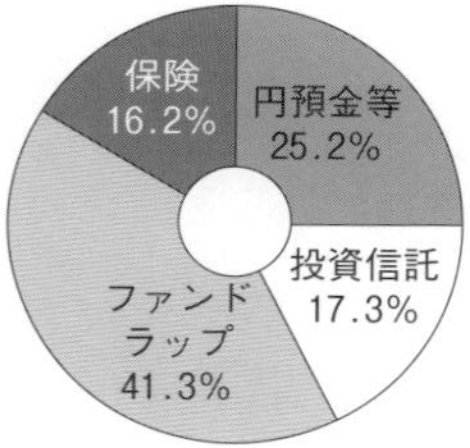

	残高（万円）	比率（%）
円預金等	310	25.2
外貨預金	0	0.0
投資信託	213	17.3
ファンドラップ	508	41.3
保険	200	16.2
その他	0	0.0
合計	1,231	100.0

②〈資産別構成〉 円グラフは預金除き

○投信・ファンドラップ

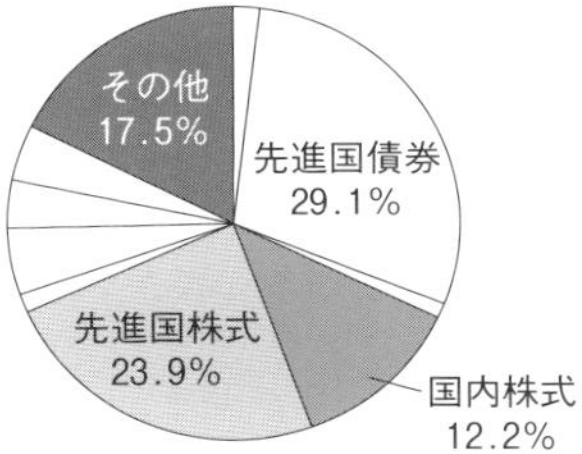

		残高（万円）	比率（%）
国内債券		15	2.1
海外債券	先進国債券	210	29.1
	新興国債券	9	1.2
国内株式		88	12.2
海外株式	先進国株式	172	23.9
	新興国株式	10	1.4
オルタナティブ	J-REIT	35	4.9
	G-REIT	27	3.7
	コモディティ	29	4.0
その他		126	17.5
合計		721	100.0

		残高（万円）
預金	円預金等	310
	外貨預金	0

③〈通貨別構成〉

○商品全体

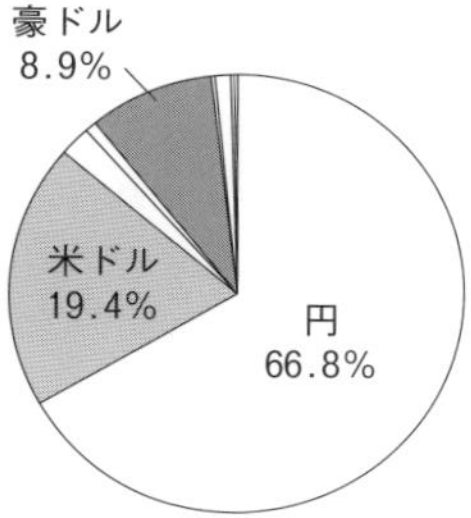

○投信・ファンドラップ

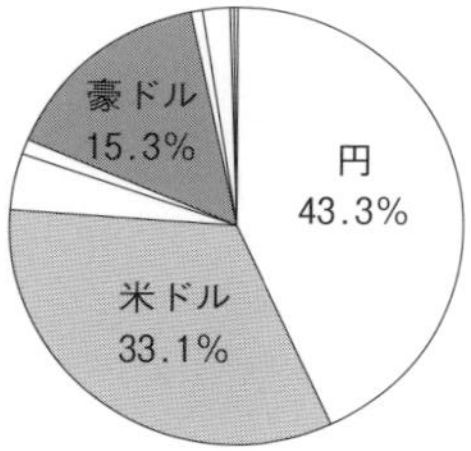

	商品全体		投信・ファンドラップ	
	残高（万円）	比率（%）	残高（万円）	比率（%）
円	822	66.8	312	43.3
米ドル	239	19.4	239	33.1
ユーロ	30	2.4	30	4.2
ポンド	9	0.7	9	1.2
豪ドル	110	8.9	110	15.3
カナダドル	4	0.3	4	0.6
その他 先進国	15	1.2	15	2.1
ブラジルレアル	0	0.0	0	0.0
南アランド	0	0.0	0	0.0
人民元	0	0.0	0	0.0
メキシコ・ペソ	0	0.0	0	0.0
トルコリラ	0	0.0	0	0.0
インドネシアルピア	0	0.0	0	0.0
その他 新興国	1	0.1	1	0.1
合計	1,231	100.0	721	100.0

④〈通貨マップ〉

IMFの世界経済見通し（2018年４月時点）

	2016	2017	2018	2019
世界全体	3.2%	3.8%	3.9%	3.9%
先進国	1.7%	2.3%	2.5%	2.2%
新興国	4.4%	4.8%	4.9%	5.1%

2018年の国・地域別　実質GDP成長率見通し（2018年４月時点）

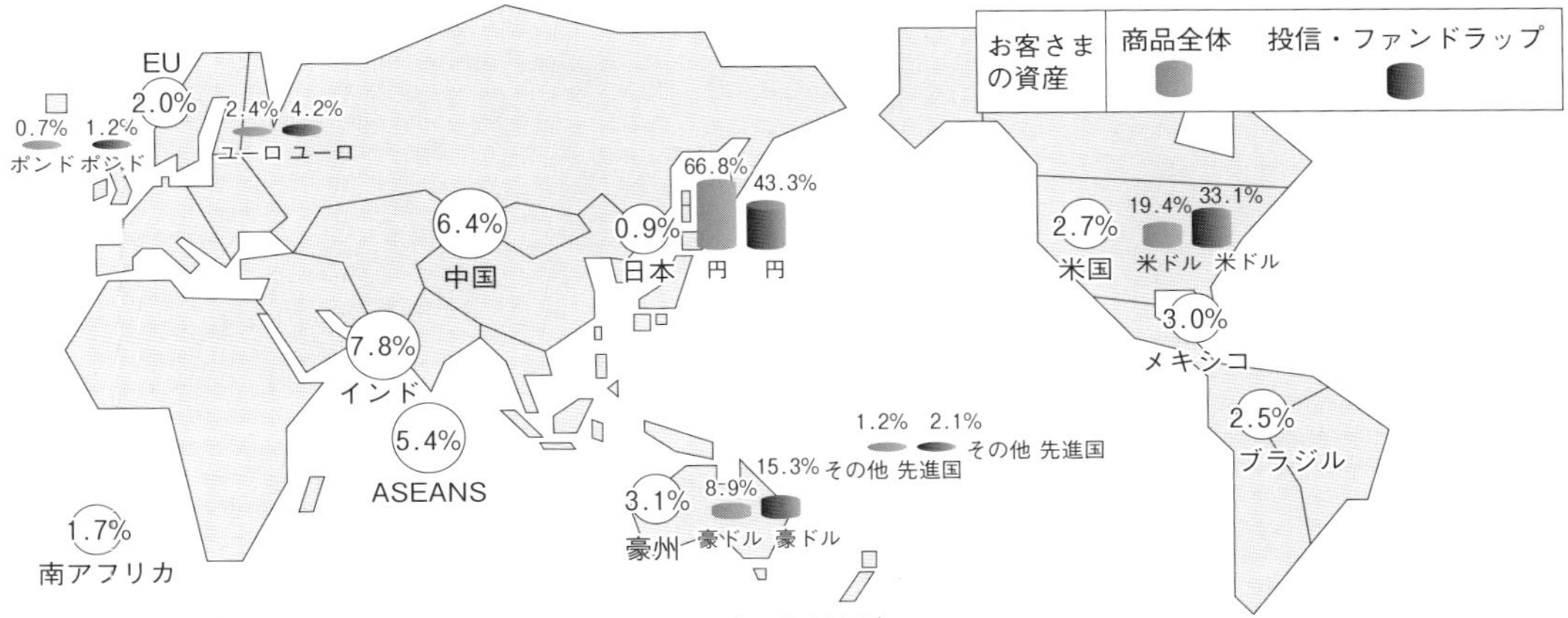

（出所）　IMF「World Economic Outlook Database, April 2018」

⑤[お客さまの資産全体　ご参考]

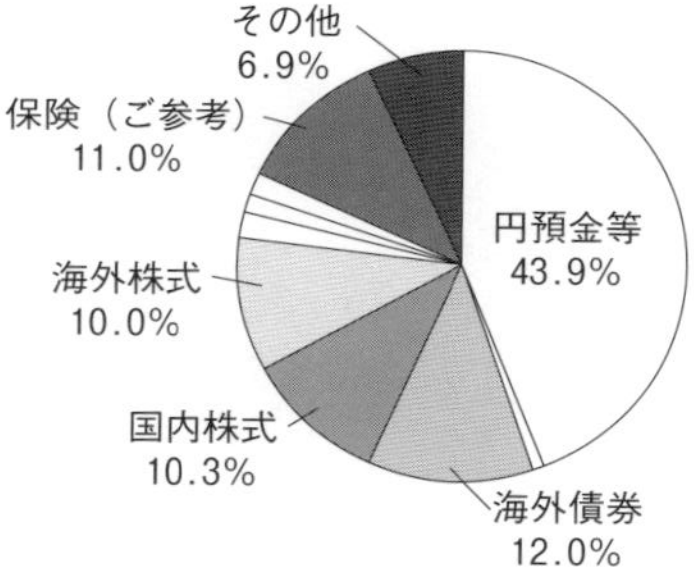

	残高（万円）	比率（%）	残高（うち当社）
円預金等	800	43.9	310
外貨預金	0	0.0	0
国内債券	15	0.8	15
海外債券	219	12.0	219
国内株式	188	10.3	88
海外株式	182	10.0	182
J-REIT	35	1.9	35
G-REIT	27	1.5	27
コモディティ	29	1.6	29
ヘッジファンド	0	0.0	0
保険（ご参考）	200	11.0	200
その他	126	6.9	126
合計	1,821	100.0	1,231

これにより、販売員は現在のポートフォリオに「足りない部分を付け加えるという発想」で提案することが容易になり、販売員のスキルを押し上げる効果がありました。一方、このようなアプローチであれば、お客さまも自然な会話のなかで新たな資金で追加投資することに納得感をもちやすくなると考えました。

販売員のウィル、つまりモチベーションの向上にも注力しました。前述のとおり、リーマンショックなどもあり、当社の販売現場では「お客さまが損するような仕事が世の中の役に立っているのか」と悩む販売員が少なくありませんでした。さらに、「こんなにお客さまや自分が苦しんでいるのに、本部は何もしてくれない」といった不満もありました。そういう思いを抱く販売員に対し、営業目標を押し付けたり支店長がプレッシャーをかけたりするだけでは、投資信託販売のスタイルを変革しようとしても、販売員の共感を得られないと考えました。そうした問題を解決するためには、販売員に自分たちが携わっている「預り資産ビジネス」の社会的意義を理解してもらう必要があると考えました。

「低成長、少子高齢化、年金不安などを考えるとお客さまが不安を抱えていることは確かであり、そうであるならば、将来の生活資金に対する不安に対し、具体的な解決策を提供する〝預り資産ビジネス〟には大きな社会的な意義がある」というメッセージを支店長会議、課長会議、本部研修、営業店での勉強会といったあらゆる機会を通じ、繰り返し発信しました。

当社が投資信託販売のスタイルの変革に取り組み始めた時期は、国内でデフレが継続しており、元本が確保される定期預金を選択することは、結果的に正しい選択だったといえるかもしれません。しかしながら、足元ではデフレからインフレへの動きや消費増税、あるいはＮＩＳＡ・つみたてＮＩＳＡ制度の導入、個人型確定拠出年金（ｉＤｅＣｏ）の対象範囲拡大といった外部環境の変化もあり、「預り資産ビジネス」を推進する追い風が吹いている状況ともいえます。

これからの資産運用の方向性を一言で表せば、「定期預金だけの運用は元本保証があるので〝安全〟だが、日本の将来の課題を考えると〝安心〟とはいえない」ということです。一〇年後に振り返ってみれば、まさにいまが「貯蓄から資産形成へ」のパラダイムシフトが起きようとしている時期だったということになるのではないかと考えています。このような中長期目線での「預り資産ビジネス」の位置づけを販売員がしっかり理解すれば、いまこそがお客さまに資産運用の意義を伝える時期だととらえることができ、販売員のウィル強化にもつながるはずです。

5 インフラ、商品、そして評価 三位一体で変革推進

「ストック重視」は「販売を軽視すること」ではありません。「分配金の支払」や「相続発生」による資産流失を考えると、実際には、「ニューマネーにこだわって販売しなければ、ストックは必ず減る」という投資信託ビジネスの現実を見据えた対応が必要となります。しかしながら、「ニューマネーにこだわった販売」を導入・定着させるのは容易ではありません。だからこそ、それを可能にする(1)インフラ整備、(2)商品戦略、(3)業績評価の三拍子がそろうことが重要です。

(1) インフラ整備

◆指導役が本部・現場を一体化

販売スタイルの変革についてさまざまな関係者と議論すると、最初に「どんな業績評価体系に変更したのか」とたずねられることが多いものです。もちろん「業績評価」は大事

な要素ですが、それだけで販売スタイルの変革ができるほど話は簡単ではありません。約一〇年間、投資信託販売の「フローからストックへ」の転換に取り組んで実感したことは「この仕事は時間がかかる」ということです。当社も一定の手応えは感じているものの、まだまだ、道半ばという状況です。

販売スタイルの変革を進めるには、本部と営業店が一体となって取り組むことが必要であり、当社の場合、その担い手となるのが本部に所属する「投資運用営推役」と営業店に所属する「投資運用コンサルティング責任者」です。投資運用営推役は本部の立場から新施策を周知させつつ、担当する営業店では目指すべき販売スタイルの浸透と目標達成に向けての指導役となり、営業店の相談役にもなります。他方、「投資運用コンサルティング責任者」は、営業店での「預り資産ビジネス」の旗振り役として、営業店内での施策立案や指導・育成機能を担っています（図表1－9）。

◆戦略、戦術、そして標準化

さらに、投資運用営推役が立てた戦略・戦術を投資運用コンサルティング責任者が実行した結果、効率的かつ効果的であることが実証できた活動事例をもとに「標準化モデル」

図表１－９　本部－営業店の体制図

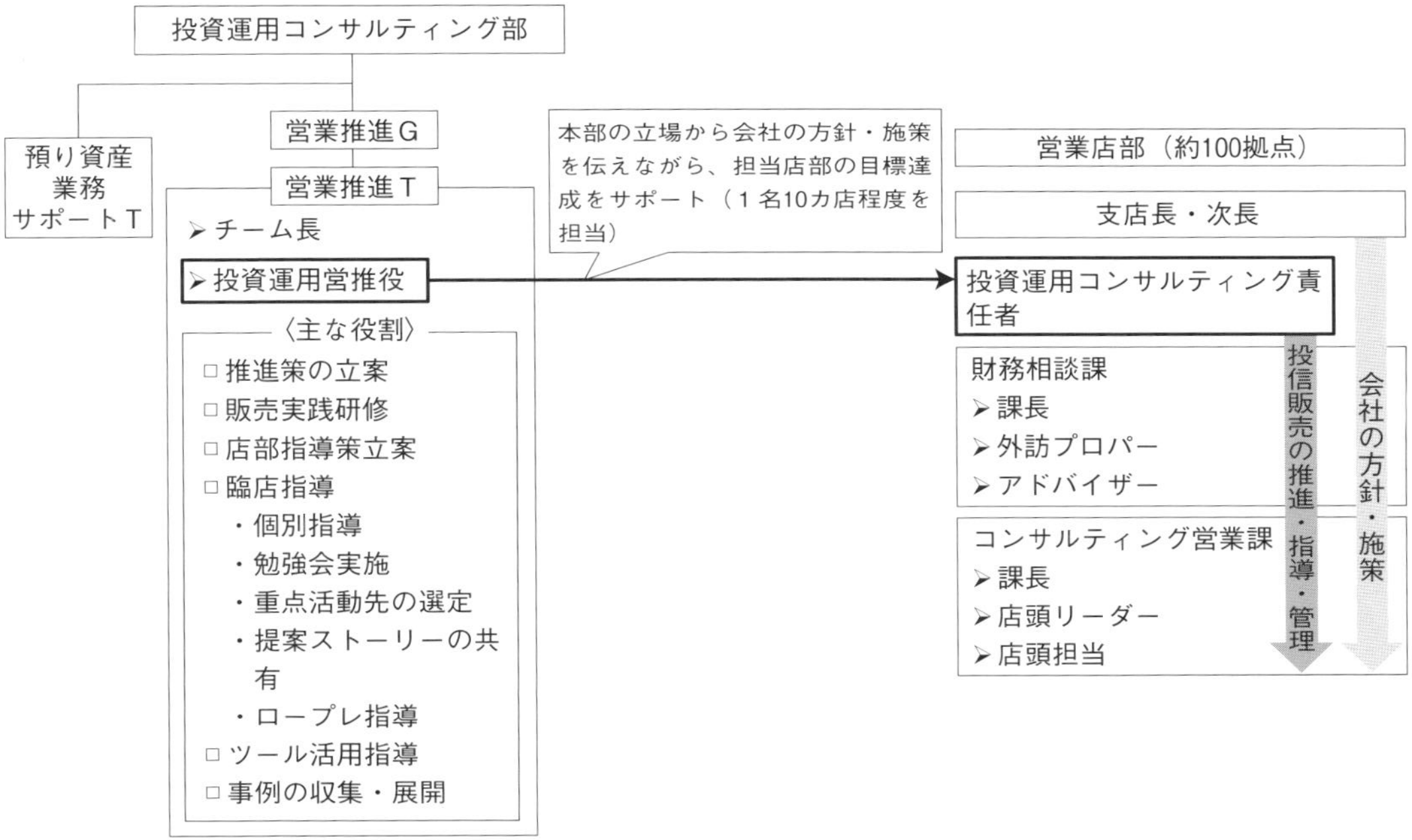

をつくりあげ、それを全店で展開する営業推進手法を構築しました。これは販売員一人ひとりを指導してスキルやウィルを引き上げても、銀行全体への効果は小さいと判断したためです。それよりも、実践プロセスを標準化することで、練り上げた戦略・戦術を経験年数の少ない販売員でも実行できるようにし、成功事例の再現性を組織全体で高めるほうが効率的であり、お客さまにとっても担当した販売員の「当たり外れ」がなく、当社全体のサービス向上・顧客満足度アップにつながると考えました。

標準化モデルを定める際には、新しい営業スタイルをしっかり根付かせるため、全店共通の活動モデルとして「五つのプロセス」を策定しました（図表1－10）。それまでも、PDCAサイクルが重要との認識はありましたが、どうしても掛け声倒れになってしまいがちで、全店で機能するには至っていませんでした。このようなことを繰り返した反省から、「五つのプロセス」では、やるべきことを絞り込み、本部と営業店の双方が内容を共有し、双方で進捗管理できるように定型化しました。

具体的には、投資信託販売力強化に必要なプロセスを、①重点活動先の選定、②提案シナリオの策定、③提案スキルの向上、④案件の進捗チェック、⑤成功事例の水平展開――の五つとしました。この五つのどこに各営業店の弱点があるかをチェックし、本部が客観

図表１－10　営業活動の５つのプロセス

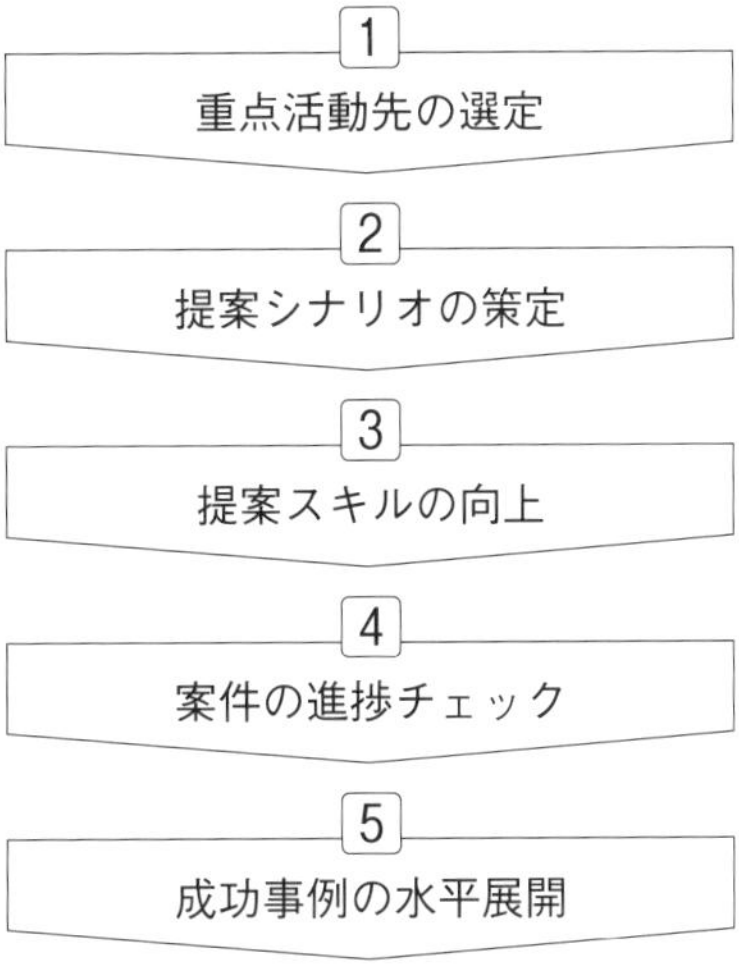

的に指導できるようにしました。

この「五つのプロセス」の内容に特別なものはありませんし、むしろ、当たり前のことばかりかもしれません。しかしながら、大切なことは、内容そのものではなく、投資信託販売で心がけるべき必要不可欠なプロセスをキャッチフレーズのようにシンプル化して五つにまとめ、全店共通の枠組み・物差しとしたところにあると考えています。こうすることで、本部と営業店、本部と担当役員、営業店の上司と販売員の間で、共通言語を使って改善点を議論できるようになりました。これを毎日のように繰り返すことで、お互いの誤解や勘違いを排除し、最重要課題を共有化できるという「無駄の少ないコミュニケーション」を図れるようになりました。

これまでは、「〇〇支店方式」というように各支店が独自の投資信託販売の旗振りをすることもありましたが、その支店長ならではの方法では、その支店長が担当している間はよいが、支店長が交代したら機能しづらくなるとか、別の支店で実績を残していた担当者が特定の支店に異動すると、販売手法や管理方法が異なるため、当分の間、苦戦するといったことも起こりがちでした。この「五つのプロセス」を導入して、全社共通のフレームワークとしたことで、その副次的な効果として、銀行のリテール営業店でありがちな人事異動によって生じる非効率性も軽減されてきました。

また、「五つのプロセス」が浸透するにつれ、本部と現場の相互理解が深まってきたと実感しています。たとえば、基準価額の変動が大きい投資信託を保有しているお客さまが、足元の相場上昇を受けて売却を検討しているとします。この時、本部がストック目標を課していることを理由に、ただただ「じっくり保有しましょう」と販売員が話してもお客さまにとっては納得感がありません。むしろ、その後に相場が下落すれば、取り返しのつかないお客さまの不満につながるおそれもあります。お客さまと接する現場でどのような提案が行われるべきかを営業店と本部が一緒に考える体制になっていれば、目標を形式的に遵守しようとお客さまに迷惑をかけることもなくなるはずです。少なくとも、長期保有を勧めるならば、単に、既存の商品の売却を思いとどまらせてストック流失を防ぐのではなく、長期保有にマッチした新たな「コア商品やサービス」を提供する仕組みを本部が構築することが必須となります。

◆「資産運用セミナー」という仕掛け

足元の投資環境をふまえつつ、「コア&サテライト運用」に基づく運用提案を実践するには、インフラ整備の一環として、営業店に対する継続的かつ組織的な投資教育の枠組みが不可欠だと考えました。そのために、当社が注力している取組みが、年二回、全店一斉で開催するお客さま向けの資産運用セミナーです。

銀行が開催する資産運用セミナーは、企画から準備、当日の運営まで運用会社に任せきりになりがちです。また、販売員はセミナーが行われている間、別の営業活動などに従事しているケースも少なくありません。当社でも以前はそうしたことがありましたが、現在はセミナーの運営を抜本的に変更し、セミナーの第一部に当たる「基調講演」のスピーカーは支店長自らが務めることとしています。セミナー全体を三部で構成し、基調講演は「当社が考える投資環境・課題整理と対応策」とし、第二部と第三部では、各運用会社が基調講演で示された方向性に沿った課題解決策の一例として、具体的な商品を紹介するスタイルとしています。

基調講演をするといっても、なかには投資信託販売の経験がほとんどない支店長もいます。そのため、本部が基調講演の原稿を準備して、販売員が集客前にセミナーの内容を把握できるようにセミナー事前勉強会を全店で実施し、そこで支店長が基調講演の予行演習をする、という一連の流れを構築し、どんな経歴の支店長でも資産運用セミナーの講師を務められるようにしました。このような取組みをすでに一〇年近く続けてきていますが、いまでは、基本のかたちを身につけたうえで、話しやすさや伝わりやすさなどを考え、独自に創意工夫する支店長も現れてきています。

ただし、セミナーは開催すること自体が目的ではなく、継続的なセミナー開催を通じて「アフターフォローによる満足度アップ」や「契約者への投資教育の実践」につなげていくことが重要です。このような活動を丁寧に継続していくことで、「貯蓄から資産形成へ」を推進していきますが、そのためには、事前準備からアフターフォローまでの一連の活動にどう取り組むかが重要となります。

その流れを示したものが図表1－11です。まず、セミナーの準備段階では声をかけやすいお客さまではなく、ポートフォリオ提案が必要と判断されるお客さまを選定します。そして、支店長の予行演習を兼ねた事前勉強会で講演の内容を理解したうえで、セミナーに興味をもってくれると期待できるお客さまを集客します。出席するお客さまが決まると、セミナー終了後にそのお客さまにどのような提案をするかという案件会議を開きます。そうすれば、セミナー当日からでもフォロー提案に動けます。

実は、資産運用セミナーの集客から開催、フォロー活動までの一連の流れ自体が、前述した「五つのプロセス」の実践そのものであり、年二回のセミナー開催は、各営業店に「五つのプロセス」を定着させる〝銀行全体の仕掛け〟にもなっています。

(2) 商品戦略――「コア商品」に第三世代の分散投資を

「コア&サテライト運用」戦略の「コア」部分として、コアらしいコア運用商品とは、幅広い資産に分散投資し、中長期でじっくり運用して世界経済の成長果実を享受するタイ

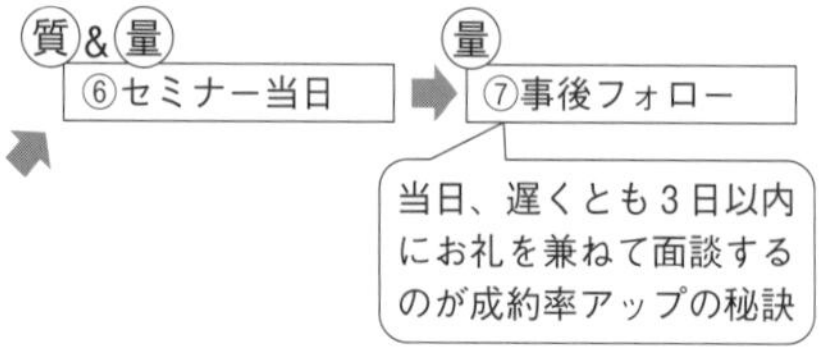

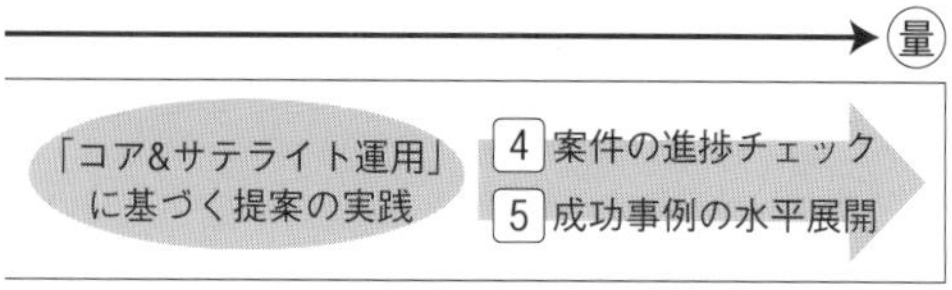

プです。

しかしながら、当社の営業現場で、「分散投資はリーマンショック時に効果がなかった」とか、「理屈はわかっても分配金のない投資信託の販売はむずかしい」といった声があったのも事実です。

図表1－12は、三種類の分散投資の運用成果を示しています。①は分散投資バージョン1.0ともいうべきもので、国内株式・国内債券・海外（先進国）株式・海外（先進国）債券という伝統四資産に均等分散したものです。たしかに、①はリーマンショックで大き

図表1－11　セミナーの集客、開催、フォロー活動の流れ

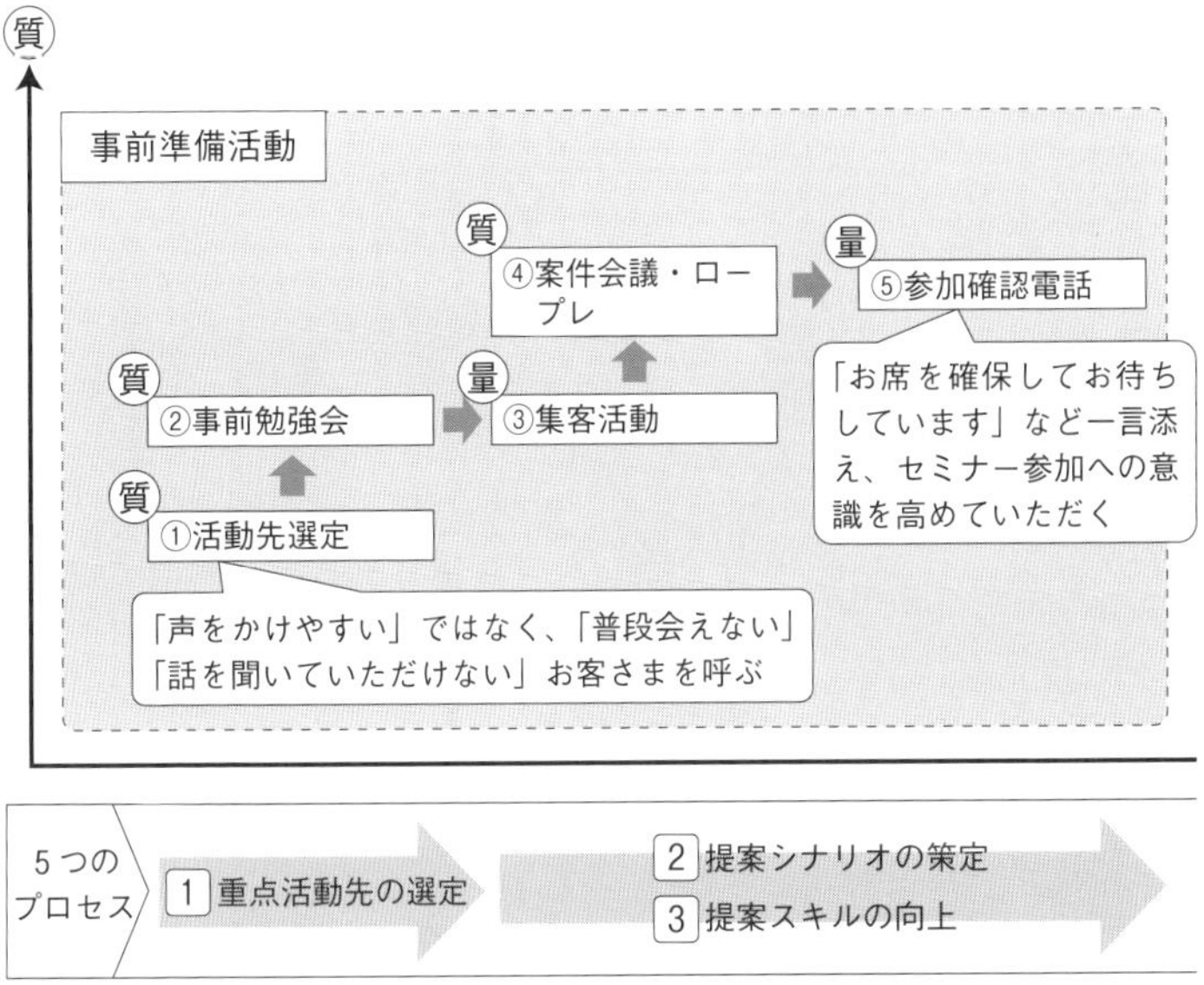

く落ち込み、その後もリターンは低迷しました。そこで、リターンの低迷への対応策として、相対的に高い経済成長が見込まれる新興国を投資対象に加えることが考えられました。その運用成果を示したのが②の六資産均等分散で、これが分散投資バージョン2.0です。①と比べてリターン水準が向上する半面、値動きも大きくなっています。これでは、投資のタイミングによっては大きな下落に直面する可能性もあり、「中長期でじっくり安定的な収益獲得を目指す」コア運用にはなりづらいといえま

図表１－12　分散投資型ファンドのリターン比較（2005年12月末～2018年６月末）

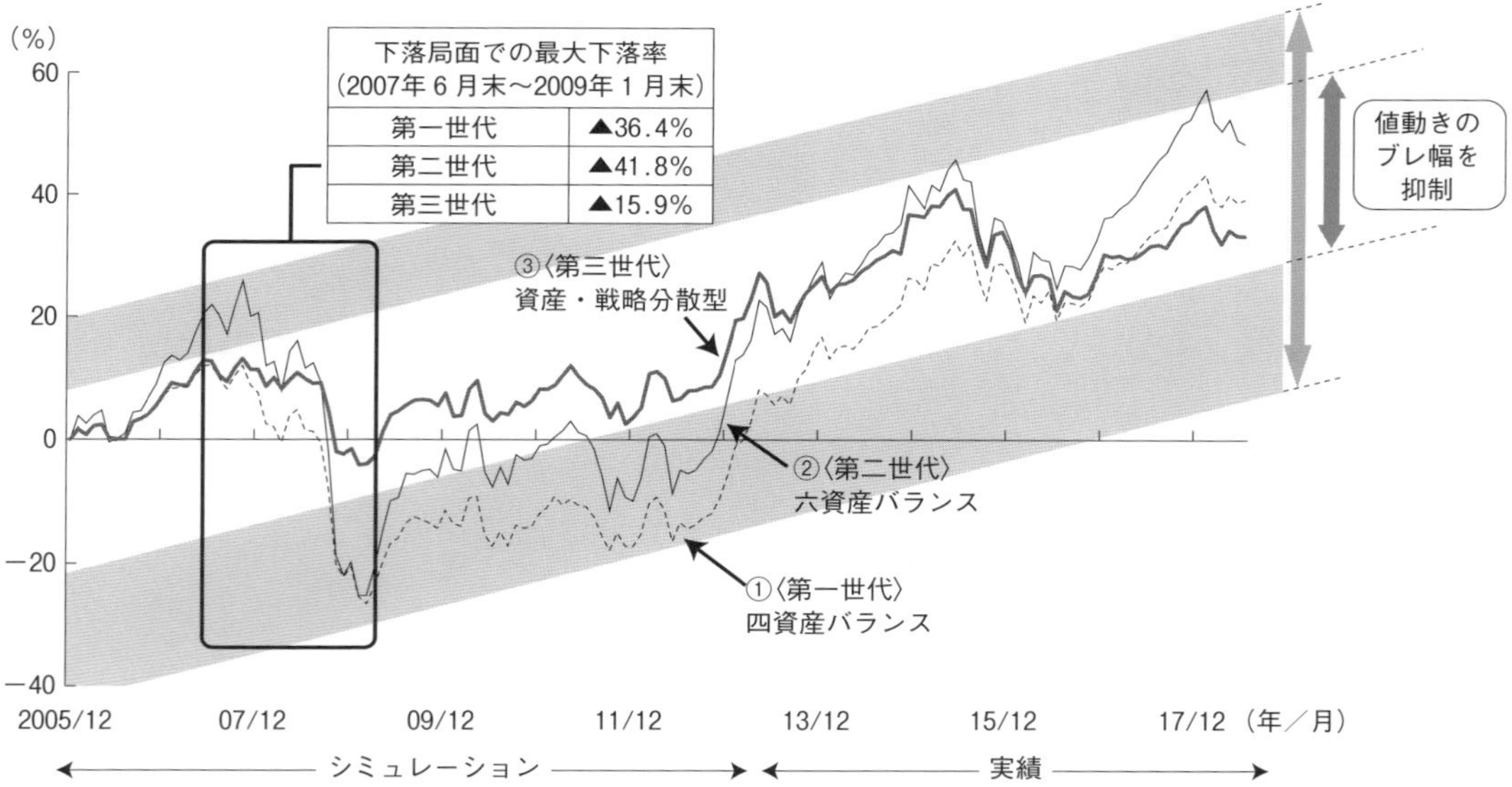

（注）　第一世代および第二世代は分散投資の一例として合成指数を使用、第三世代は『コア投資戦略ファンド（成長型）』の数値を使用（シミュレーション含む）。
（出所）　Bloombergのデータおよび当社保有データをもとに作成

図表1－13　分散投資型ファンドの課題と対応策

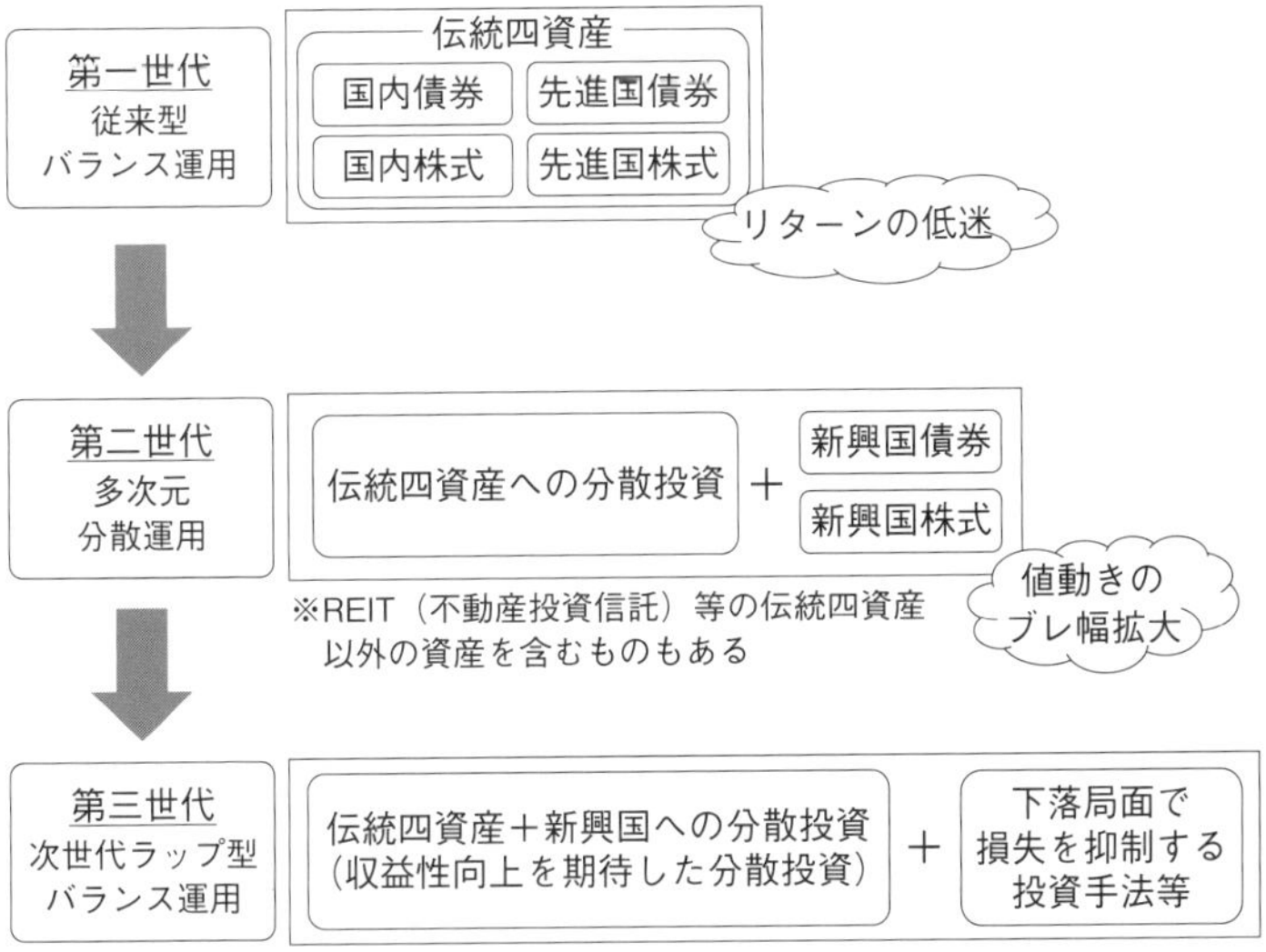

す。

そこで、さらに一歩進んだ分散投資の姿を考えました。収益性向上を期待した六資産分散投資に、ヘッジファンドなどを組み入れ、下落局面でもリターンを獲得できる投資手法を採用し、下ブレリスクの抑制を図ったもので、分散投資バージョン3.0です（図表1－13）。その運用成果が図表1－12の③に示されています。相場上昇局面では相応の収益を獲得しつつ、相場下落局面では下ブレの幅を抑えられる運用であることがわかります。

これは非常に魅力的な結果ですが、運用初心者が自分でポートフォリオを構築し、こうした成果をあげるのは困難であることも確かです。そこで、当社では、ラップ口座を通じてこのような「コア運用」の提供を開始しました。当初、ラップ口座の一つであるファンドラップは最低投資額が一〇〇〇万円でしたが、徐々に退職金などでの運用ニーズが拡大してきたため、段階的に五〇〇万円まで引き下げることとしました。その後も、お客さまから最低投資額がもっと低ければ、ファンドラップを利用したいという声をいただきました。そうしたご要望を受けて、ファンドラップと同様の運用を投資信託で提供することを検討しました。

これまでの投資信託販売の経験から、当社内にも「分配金が出ないバランス型投資信託が本当に売れるのか」という危惧がありましたが、ラップビジネスの手応えには確かなものがありました。そこで、投資信託販売での先入観を捨てて、より幅広いお客さまにラップ型の運用を提供できる投資信託（ラップ型投資信託）の開発に踏み切ったわけです。ラップ口座と聞くと、富裕層向けの商品、信託銀行や大手証券会社だけのものと受け止める人がまだまだ多かったのですが、当社のファンドラップ契約者の属性をみると、当時から契約者の半分程度が主婦や年金受給者、二五％程度が会社員や公務員ということで、幅広いお客さまから支持をいただいていました。

ラップ口座の取扱開始以来、好調な相場環境ばかりではありませんでしたが、長期分散投資を実現する商品・サービスとして、通常の投資信託よりも解約実績も低く、安定的な残高拡大に貢献しています。

野村総合研究所が二〇一二年に実施した「生活者一万人（六〇歳以上の投資経験者対象）調査」によると、「商品に求める期待利回りと許容できるリスクはどれくらいか」との質問に対し、約五〇％の方が「利回り二～五％、元本割れの可能性一〇～三〇％」と回答しています。ラップ口座契約時のヒアリング内容に基づいて当社の顧客ニーズを集計すると、お客さまが許容できる想定下落率は「五～一五％」が大多数でした。こうした顧客ニーズには、ラップ口座やラップ型の運用を提供する投資信託がマッチしていると考えています。

(3) 「業績評価」の見直しで後押し

本部が目指すべき販売スタイルを示し、資産運用ビジネスに取り組む意義を語っても、それに沿った現場の活動が評価されなければ、支店長や販売員は動いてくれないと考えま

図表1－14　業績評価の見直し（主要項目抜粋）

✓ 2012年10月～
累投（分配金再投資）コース販売のインセンティブ付与
・累投コースの場合、評価上のフロー収益を割増し

✓ 2013年4月～
「ラップセレクション」（注）の純増額（販売額－解約額）目標導入

✓ 2014年4月～
ストック収益の評価ウェイトアップ
・ストック収益のウェイトを順次引上げ、
2014年上期にフロー項目：ストック項目のウェイトは1：1に

（注）「ラップセレクション」（2013年4月時点）…コア投資戦略ファンド、投資一任、ラップライフ

した。だからこそ、投資信託販売の変革を実践するための「インフラ整備」、それにふさわしい「商品戦略」に加え、「業績評価」を三位一体として取り組むことがポイントになります。

図表1－14にあるいちばん上の「分配金再投資コース販売に対するインセンティブ付与」は、当時、分配金抑制をねらうためだけに導入したものではありません。当社は、売れ筋商品の分析などから、お客さまが実際に必要とする以上の分配金を受け取っているのではないかという問題意識をもち、「販売員がお客さまに分配金の仕組みや水準をしっかり伝えるべきだ」と考えたことが導入の背景にあります。実際、こ

の業績評価の見直し後、分配金再投資コースの選択割合は導入前の約三倍に跳ね上がりました。

本件について、足元の業界動向を補足説明しますと、当時は年一回決算や年二回決算の分配金抑制型の投資信託が一般的ではなかったため、このような方法を採用して、お客さまが実際に必要とする以上に分配金を受け取ることがないような対策を講じましたが、現在では、分配金に過度に依存しない販売方法の重要性が投資信託業界全体でも認識されるようになり、分配金抑制型の投資信託の組成が増加しているため、このような「分配金再投資コース」へのインセンティブ付与は行っていません。

図表1―14の中央にあるラップセレクション（ラップ口座、ラップ型投資信託等がメイン商品）の純増額目標設定のねらいは、一つはこれら商品が分配金を払っていないことから、分配金によるストック流出を抑制すること、もう一つは相場変動によるストック資産の時価変動を抑制することにありました。

ラップ型投資信託やラップ口座のニューマネー比率は、通常の投資信託よりも一〇～二〇％程度高く、平均保有期間も三年以上と長い傾向にあることからも、ラップ型投資信託やラップ口座は「ストック重視」にふさわしい商品と考えて取り組みました。さらに、二〇一四年四月にストック収益の評価ウェイトをフロー収益と同等になるまで引き上げ、フロー収益を維持しつつストック収益を拡大することに成功しました。

6 企業年金のノウハウが原点の「銀行らしい預り資産ビジネス」

当社は、リーマンショックによる投資信託の預り資産残高の大幅な減少に危機感をもち、持続可能な預り資産ビジネスのあるべき姿として「ストック重視」へビジネスモデルの転換を図ってきました。

ストック重視のビジネスモデルを推進する「コア&サテライト運用」戦略、それを具体化する商品としてのラップ口座やラップ型投資信託には原点があります。それは、信託銀行として企業年金運用で長年培ってきた運用やサービスのノウハウです。

さまざまな課題を抱える企業年金と向き合うことで磨き上げた運用コンセプトを活用するこのビジネスモデルは、信託銀行である当社ならではのものだと考えています。たとえば、企業年金の運用ノウハウの一つに、年金の制度設計上、必要とされる「予定利率＋アルファ」のリターンをできるだけ下ブレリスクを抑制して実現するというものがあります。この運用ノウハウは、できるだけ下ブレリスクは抑制しながら「定期金利＋アルファ」程度のリターンを期待したい、という銀行の顧客ニーズと非常に親和性が高いものです。

年金ビジネスと比較すると、取組開始から日の浅いリテール分野ですが、お客さまの長期・分散・安定という運用ニーズに対し、ラップ口座やラップ型投資信託といったコアらしいコア運用商品・サービスを提供してきた結果、当社のラップ口座は二〇一八年三月末に口座件数は約七万件、契約残高は約八三三〇億円に達しています。ラップ口座の業界全体の契約残高も急拡大し、二〇一七年一二月末に七兆円を突破しました。二〇〇四年四月の解禁から二〇一三年八月に一兆円を突破するまでに九年を要しましたが、それからわずか四年で七倍となりました。

「コア&サテライト運用」戦略での「コア運用」の役割をお客さまと販売員に理解してもらい、安心感をもって長期運用に取り組むための体制構築やサービス提供の重要性がますます増しており、そうした課題を克服できれば、「ストック重視への転換」が多くの販売会社に定着し、「貯蓄から資産形成へ」の流れを大きく促進できる、そういう時代の節目に差しかかっていると感じています。

以上、当社の販売スタイルの改革について、これまでの歩みを振り返りながら、その考え方や、その時々に実施した各種施策を解説しました。二〇一六年三月には金融庁による

「顧客本位の業務運営に関する原則」が確定し、販売会社も、「ＦＤ取組方針や行動計画の策定」「ＫＰＩの公表」などを行っています。

当社は、これまで年金運用で培ったノウハウや体制をベースにしながら、〝銀行らしい投資信託販売〟の理念のもと、多くの販売会社と手を携えて個人投資家の真のニーズに応えられる「預り資産ビジネス」のあり方を追い求めていきたいと考えています。

BOX ラップ口座、ラップ型投信の開発経緯

本BOXでは、本文では書ききれなかったことを含めて、三井住友信託銀行におけるラップ口座、ラップ型投資信託の開発経緯を紹介します。

(1) 二倍のリターンより安定を

ラップ口座が急拡大した背景には、第一にアベノミクスによる相場上昇、第二にＮＩＳＡなどの各種税制改正による資産運用への関心の高まり、そして、第三にデフレからインフレへの転換にあたり、金融資産の実質価値を維持したいという顧客ニーズ――の三つが同時にそろったという国内独自の環境があったと考えています。

多くの金融資産を保有する五〇歳代以上のお客さまは、一九七〇年代のオイルショックや八〇年代後半のバブル経済など、実際にモノの値段が上がっていくインフレを経験しており、最近のデフレからインフレへの転換に対する感度が高い傾向にあります。ただし、「資産の実質価値維持」が必要と感じて資産運用を開始してみようと頭では理解していても、自分で実行するのは大変困難です。個人顧客の資産運用では、前述のとおり、①「忙しくて資産運用には時間がとれない」、②「どんな方法が自分にあった運用かわからない」、③「いろいろ投資しているが継続的に資産全体を

管理するのはむずかしい」といった声が多いのも事実です。

こうした顧客ニーズに応える商品・サービスとしてラップ口座が期待を集めています。当社がラップ口座で特に大切にしているポイントが二つあります。

まず、運用面での仕組みです。本文で述べたように、当社のコンサルティングによれば、「大きくリスクをとって運用資産を二倍、三倍とふやしたい」というお客さまは少数派であり、「マーケット不調時の下ブレリスクを抑制して安定運用したい」「定期預金＋アルファ程度を確保したい」という要望をもつお客さまが大半です。ラップ口座の商品開発当時、当社も含めた業界全体が既存の商品では多くのお客さまの本当の声に応えきれていないおそれがあると考えました。この顧客ニーズに応えることが当社の社会的使命と考え、安定運用を実現できる仕組みにこだわって商品開発に取り組みました。それが「ラップ口座の推進」や「第三世代のラップ型投資信託の開発」へつながったわけです（図表1－15）。

次に、商品・サービス面では、お客さまに長期保有を促す仕組みをどうつくるかです。まずは、お客さまに資産運用の成功体験を積んでもらうことが大変重要であると考えました。そこで、当社独自の工夫として「二年超保有者に対する報酬低減（▲三〇％）」（図表1－16）や「ガン・介護・傷害保険の無料付帯」（図表1－17）など、商品性・サービスの改善・改良を実施し、好評を得ました。現在では、ラップ口座の長期保有者への報酬低減を、二年超に加えて五年超（▲五〇％）でも実施し、さらに、長期保有のインセンティブを高めています。

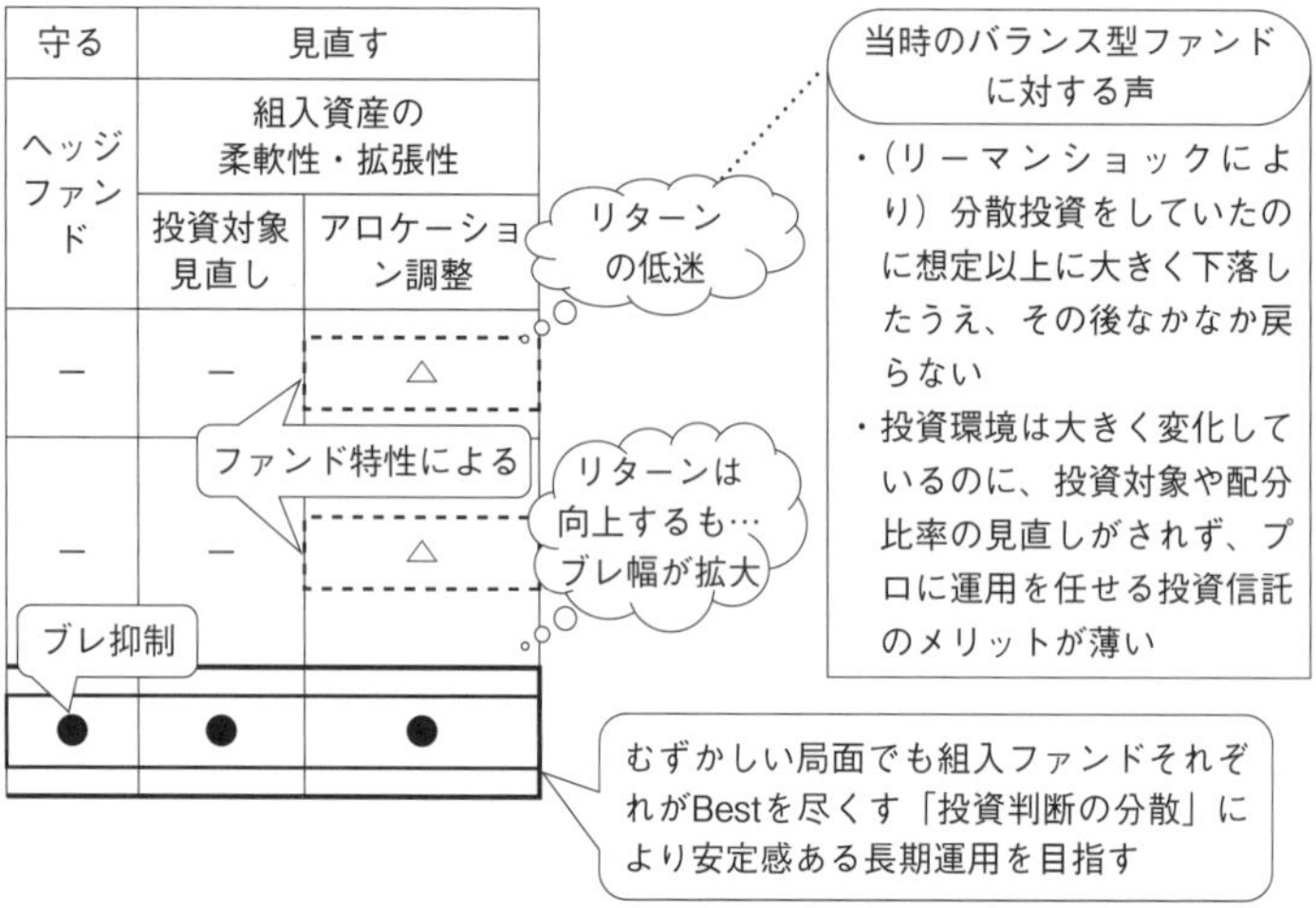

これらの二つのポイントのうち、特に「長期・分散・安定」をキーワードとした運用のコンセプトはラップ口座に限らず、「貯蓄から資産形成へ」の推進のため、投資信託の提案でも大切であると考えています。

⑵ ＩＴと投資の違いを分析

当社がラップ型投資信託を導入したのは、バランス型投資信託が見向きもされなかった二〇一二年にさかのぼります。当時、ラップ型投資信託を導入した際のねらいは、13頁の図表1－4で示したとおり、「貯蓄から資産形成へ」を本格的に推進するには、八〇%以

図表1－15　バランス型ファンドの投資対象と柔軟性・拡張性

	ふやす								
タイプ	株式			債券			REIT		コモディティ
	国内	海外		国内	海外		国内	海外	
		先進国	新興国		先進国	新興国			
【第一世代】伝統四資産	●	●	－	●	●	－	－	－	－
【第二世代】伝統四資産＋新興国債券・株式	●	●	●	●	●	●	●	●	－
【第三世代】ラップ型投信	●	●	●	●	●	●	●	●	●

（注記：REIT等を含むものも有）

［ラップ型投信の3つの特徴］
〈ふやす〉幅広く分散投資
〈守る〉短期的な市場下落時のリスクを抑制
〈見直す〉市場環境の変化に応じてポートフォリオを見直し

→ 最も先進的な工夫が施された分散投資

上のお客さまが抱える長期・安定の潜在ニーズをかなえられる定番商品をつくることが不可欠と考えたところにあります。その際、素朴な疑問として、（当時の）日本では一六〇〇兆円超の個人金融資産があるにもかかわらず、なぜ投資が浸透しないのだろうかと考えてみました。その際に思い当たった事例は、インターネットが普及した過程です。

二〇〇〇年以降、インターネットは飛躍的に浸透しましたが、「貯蓄から資産形成へ」は一向に進展せずに八〇%以上が潜在顧客のままという状況でした。ネットと投資の違いはどこにあるのか。

図表１－16　固定報酬率の低減イメージ

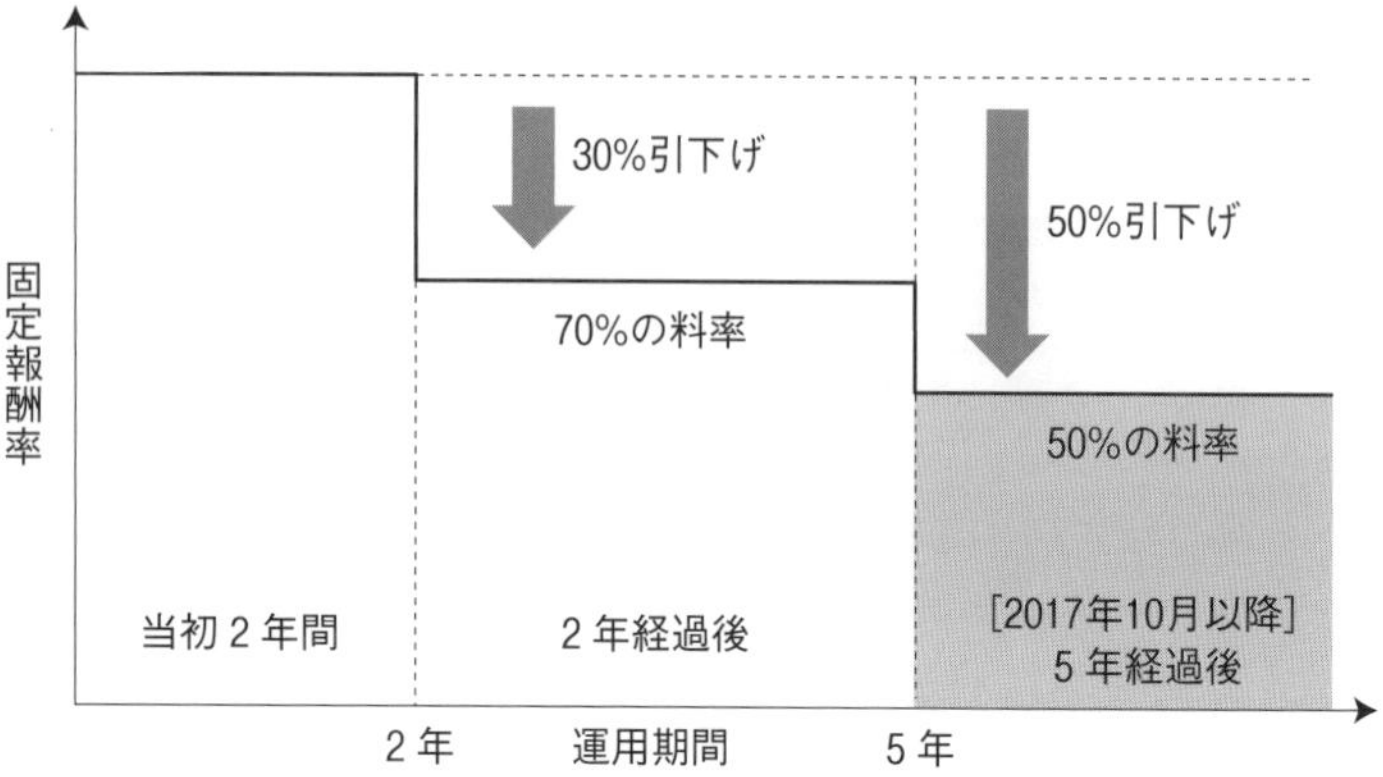

図表１－17　人生安心パッケージ　保険無料付帯サービス概要

保険	満40歳未満	満40歳以上 65歳以下	満66歳以上 80歳以下	満80歳超
	保険付帯なし	ガン	保険付帯なし	保険付帯なし
	保険付帯なし	介護	保険付帯なし	保険付帯なし
	保険付帯なし	普通傷害	普通傷害	保険付帯なし

社内で議論した結果、たどり着いたのがネットのポータルサイトの存在です。ネット初心者はまず、パッケージ化されたポータルサイトを利用し、ネットというサービスの全体像をある程度把握できるようになり、その後は、自分のペースや必要にあわせて利用すれば、自分なりに使いこなせる流れになっていると分析しました。

　それに対して、投資商品・サービスの世界

は、相変わらず新規上場銘柄や特定の地域やテーマに偏った投資信託などが幅を利かせており、潜在顧客ニーズを掘り起こすためには、ネットのポータルサイトに当たるような投資全体像が把握できる商品やサービスが必要だと考え、その主軸に「ラップ口座やラップ型投資信託」を位置づけました。当時は、社内でも「リーマンショックで痛手を負ったバランス型をまたつくるのか」「分配金が出ない投資信託が売れるのか」といった慎重論が根強くありましたが、先行して販売したラップ口座は新規資金として退職金などを着実に獲得していたことから、ラップ型投資信託の開発に踏み切りました。つまり、ポータルサイトがインターネットの世界への入口であったように、ラップ型投資信託が資産運用の世界の入口としての機能を果たすのではないかと考えたということです。

(3) アフターフォローが満足度のカギ

ところが、ラップ口座保有者を対象にした野村総合研究所のアンケート調査（二〇一四年一〇月実施）によると、「ラップを不満足」というお客さまのほとんどが、「ラップ口座にしたら販売会社のフォローがなくなった」ことをその理由にあげていました。つまり、ラップ口座を導入しさえすれば、多くの人が資産運用の世界に足を踏み入れてくれて満足してくれるという単純な話ではなく、アフターフォローの重要性は、他の投資信託を販売するときと変わらない、あるいは、それ以上だということです。

当社は、以前から「契約者のためのセミナー」に注力してきました。それは運用開始後に市場変動やライフスタイルの変化などで、投資に対する考え方が変わったり、不安を感じたりするケースも多いからです。契約者の不安や新たな課題を解決して長期運用を促進し、投資家に成功体験を積み重ねてもらうために、契約者セミナーによるアフターフォローは有効な手段と考えています。

また、ラップ口座に対するアフターフォローの経験を生かし、ラップ型投資信託保有者へのアフターフォローも充実させており、足元では、このような契約者向けのアフターフォロー活動の実績を、営業店の「フィデューシャリー・デューティーに関する業績評価」の項目にも取り入れています。

第2章

本部は現場をどう動かし、サポートすべきか（その理論と実践）

1 本部の役割は何であり、その組織体制はどうあるべきか

(1) 本部推進役・指導役の役割

第1章では、三井住友信託銀行の「預り資産ビジネス」へのこれまでの取組みを振り返ってきました。第2章では、「預り資産ビジネス」を推進する銀行本部の役割、現場をどう動かし、サポートすべきかについて、説明します。

まず、当社の「預り資産ビジネス」の体制についてです。

当社では、本部が立てた戦略・戦術を、営業店の全担当者が実行できるような組織体制・仕掛けづくりがとても重要であると考えて、本部・現場が一体となった販売体制を構築してきました（前掲図表1－9をもう一度みてください）。

図表1－9の左側、投資運用コンサルティング部が本部として「預り資産ビジネス」の企画・推進を担当します。同部に営業店の指導や営業推進を担う「投資運用営推役」を一〇名強、配置しています。

この「投資運用営推役」は一人当り一〇カ店程度を担当し、本部の立場から、担当する営業店に対して会社の方針・施策を周知させる指導役であるとともに、営業店の目標達成に向けての相談役にもなります。

一方、図表1―9の右側、各営業店に一名以上配属されている「投資運用コンサルティング責任者」は、営業店での「預り資産ビジネス」の旗振り役として、営業店内での施策立案や指導・人材育成機能を担っています。

「投資運用営推役」が立てた戦略を、営業店にいる「投資運用コンサルティング責任者」が効率的、かつ効果的に営業店内で実践していくという体制です。このような体制を構築したのは、営業担当者一人ひとりを個別に指導してスキルやウィルを引き上げても、組織全体への効果は小さいと考えたからです。

会社の方針や本部が練り上げた戦略・戦術を、投資運用営推役と投資運用コンサルティング責任者を通じて、営業店の全担当者に浸透させ、それが最終的には、しっかりとお客さままで伝わっていくという仕組みを目指しており、当社では、このような施策の浸透パターンを「シャワー効果」と呼んでいます（図表2―1）。

第3章で詳述するように、本部が立てた戦略・戦術を実践するプロセスの「標準化」に

図表2－1　シャワー効果と人材育成の好循環を生む体制の構築

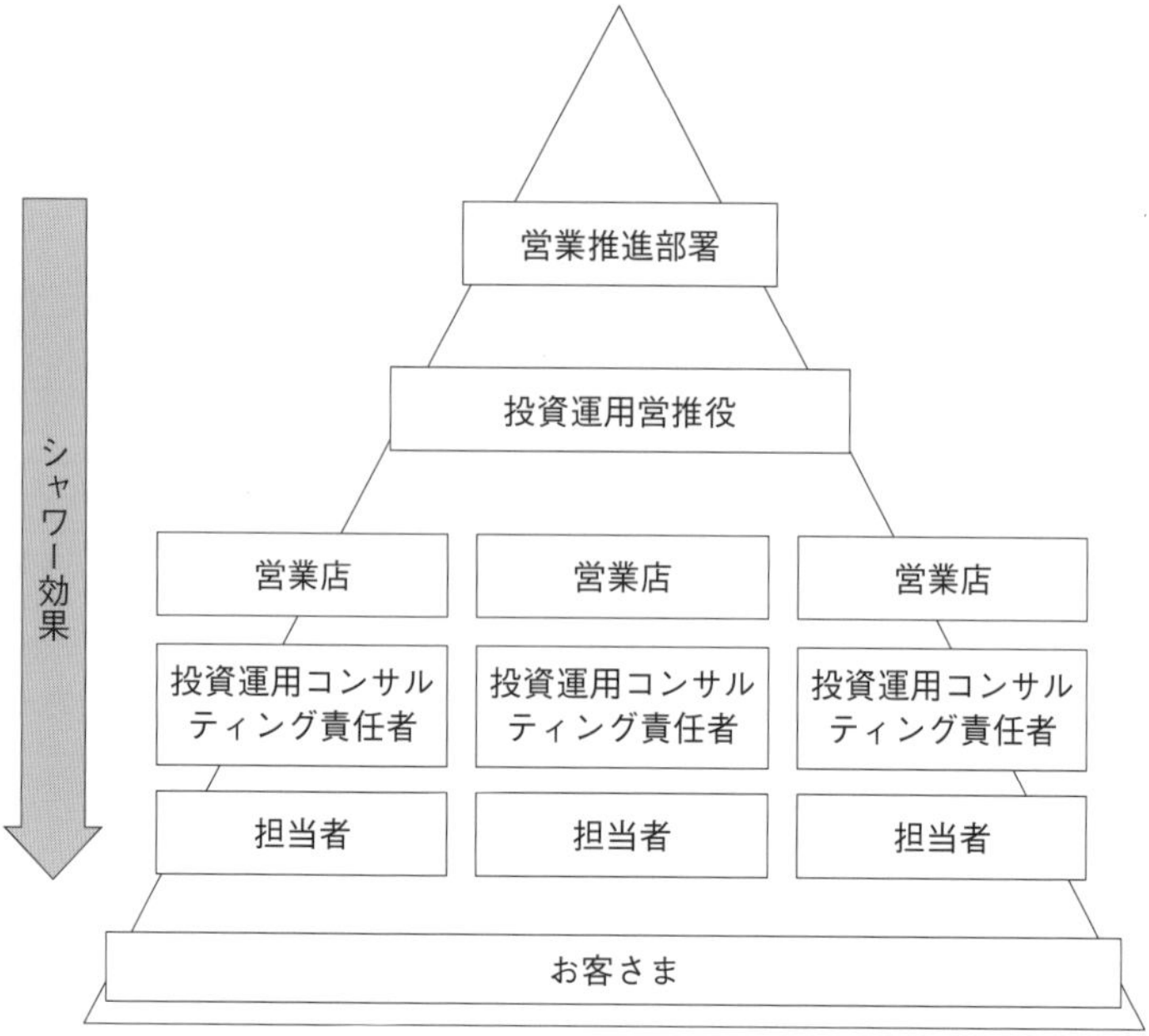

も注力しています。営業店の全担当者が同水準の認識・スキルをもって、その先にいるお客さまに対して提案ができるようにすることをねらったもので、お客さまにとって担当者の「当たり外れ」がなくなり、銀行全体としてのサービス、CS（顧客満足度）向上につながると考えています。NISA制度の拡充、個人型DCの加入範囲拡大等、投資を促進するさまざまな制度が整いつつあり、銀行の「預り資産ビジネス」は、一

部の担当者と一部のお客さまだけのものと考えていると、大きなビジネスチャンスを逃すことになるとも考えています。

銀行を利用するすべてのお客さま一人ひとりの真のニーズをしっかり汲み取り、それに応えるサービスを提供することが、われわれ銀行の使命であり、その使命を果たすためには、担当者一人ひとりが、そのニーズにお応えできるスキルを身につける必要があると感じています。また、このような取組みこそが、「顧客本位の業務運営」つまり、「フィデューシャリー・デューティー」の徹底につながると考えています。

(2) 投資運用営推役（本部推進役・指導役）の具体的な活動

投資運用営推役はそれぞれ一〇カ店程度を担当しながら、各担当店における「営業推進」と「人材育成」の役割を担っています。過去には、現場で実績をあげた担当者の次のステップというキャリアイメージもありましたが、現在では、（担当者としての実績面よりも）「現場での発信や指導をしっかり行ってきた経験」を重視するようにしています。というのも、このような素養・経験が、限られた人員のなかで、本部からのメッセージや提案ノウハウを、効果的かつ効率的に担当店に伝えていく際に重要となるからです。

投資運用営推役は、日々の担当店指導のなかで、定量・定性の両面から担当店の状況を把握します。たとえば、販売と残高がともに好調な営業店があった場合、定量面では、お客さまとのアポイント状況や提案時の成約状況（成約率や単価）等のどこに強みがあるかということ、定性面では、その強みが新規資金の成約率であったとしたら、どのようなお客さまに、どのような資料を用いて、どのような話法で成約に結びつけているかといったことです。また、一般的な課題解決に役立つ要素はないかという目線で、自身が担当している他の営業店や、他の投資運用営推役が担当する営業店における好事例・失敗事例を分析し、担当店のみならず全店の実績・提案スキル引上げにつなげていくように活動しています。

特に、経験が浅い投資運用営推役が担当店を往訪（臨店）する際には、販売担当者の提案アポイントに対する同行や同席がもっぱらの目的とならないように注意しています。営業店からすれば、本部の人材が販売担当者と同行や同席をして成約となれば、目にみえた成果となり、感謝するわけですが、投資運用営推役は一〇カ店程度の担当店部をもっているので、一カ月のうち、一～二日しか一つの営業店を訪問することができません。訪問しているときだけ感謝されても、訪問していない営業日の営業店の活動内容が変わらなければ、営業店全体の成績に対する貢献には限界があります。そこで、わかりやすい成果が出て、営業店から感謝されやすい同行・同席を活動の中心に据えるのではなく、販売担当者との案件会議（提案前の事前打合せ、第3章2⑵で詳述）やロールプレイング等により多くの時間を充てるほうが、いわゆるレバレッジ（梃子）効果を高めることができると考えているためです。

投資運用営推役は、期初には「前期までの活動の振返り」を通じて担当店の特徴（強み、弱み）を把握し、営業店の役席者や販売担当者と共有します。これを当社では「期初臨店」と呼んでおり、各投資運用営推役が手分けして、数日で全支店に対して行うようにしています。この「期初臨店」では、支店長以下の全販売員が一堂に会した場で、会社の目指す方向性（戦略）や、当該営業店の課題とそれをふまえた方針を共有することで、当期の活動の軸をつくることにしています。

期中は、各営業店の状況に応じて臨店目的を当該営業店と共有したうえで、あらかじめその日のスケジュールを組んで往訪するようにしています。一例をあげると、朝から支店に入って、役席者等と臨店目的・当日の予定を共有、朝礼に参加して他店のよい取組事例を発信し、午前中は複数の販売員と案件会議を行い提案ストーリーや資料の使い方をレクチャーします。午後は販売員向けの勉強会を実施したり、当日の成約事例・失敗事例を収集したりして、夕方に再度役席者等へ指導内容等のフィードバックを行う、といった活動内容です（図表2－2）。

指導内容の営業店内への定着という点では、営業店に所属している「投資運用コンサルティング責任者」が大きな役割を果たしています。当日の指導内容や次回臨店時までのチェックポイントは、投資運用コンサルティング責任者と連携を密にとり、翌日以降はメールや電話、業務日誌等で状況を共有することで、一回の臨店の実効性を担保するようにしています。

投資運用営推役は、日々、それぞれの担当店でこのような活動を行いながら、毎週月曜日は本部に集まり、定例ミーティングの場で前週の活動概要、具体的には、各営業店の状況や好事例・失敗事例、その時々に注力すべき事項等を共有することにしています。

当社では、営業現場と本部が一丸となって組織的に営業推進・人材育成に取り組むための橋渡し役として、このような「投資運用営推役」が不可欠な存在であると考え、営業体制を構築しています。

図表２－２　投資運用営推役の臨店例

午前	支店長挨拶・役席者等に臨店目的を説明
	店頭担当者向けマーケットミニ勉強会
	朝礼に参加し、本部施策・他店事例を発信
	【担当者Ａ】案件会議・ロールプレイング
	【担当者Ｂ】案件会議・ロールプレイング
	【担当者Ｃ】案件会議・ロールプレイング
午後	担当者Ａの提案に同席し、話法等を確認・指導
	【担当者Ｄ】案件会議・ロールプレイング
	投資運用コンサルティング責任者と営業施策会議
	当日の好事例の収集
夕方	夕礼に参加し、好事例を発信
	投資運用コンサルティング責任者に指導ポイントや次回臨店時までの課題等を共有
	支店長・役席者等へ臨店結果の報告

2 収益からの逆算ではない販売計画策定

次に、「預り資産ビジネス」の計画策定と、その考え方について説明します。

図表2－3の左側に、計画策定時のモヤモヤを記載しています。「とりあえず現場に頑張ってもらうしかない」「経営計画を達成するためには高めの目標を設定する必要がある」「前年度はできたから、これくらいは大丈夫だろう」等々です。

これらのモヤモヤを整理して、「現実味のない計画」「行き当たりばったりの計画」ではなく、「手触り感のある計画と施策」に落とし込まないと、担当者の混乱やマインド低下、あるいは、本来、銀行にとっていちばん大切な「お客さま」のほうを向いていない営業活動につながってしまうおそれがあると考えています。

そこで、当社では、計画策定の際は、「前年度比」「収益から逆算」という目線ではなく、顧客本位の業務運営を土台に、「①商品、②資金源泉、③担い手」という「三つの切り口」から検討することが重要と考えて、計画を策定しています。

「三つの切り口」をもう少し詳しく説明します。

図表２－３　「預り資産ビジネス」の計画策定について

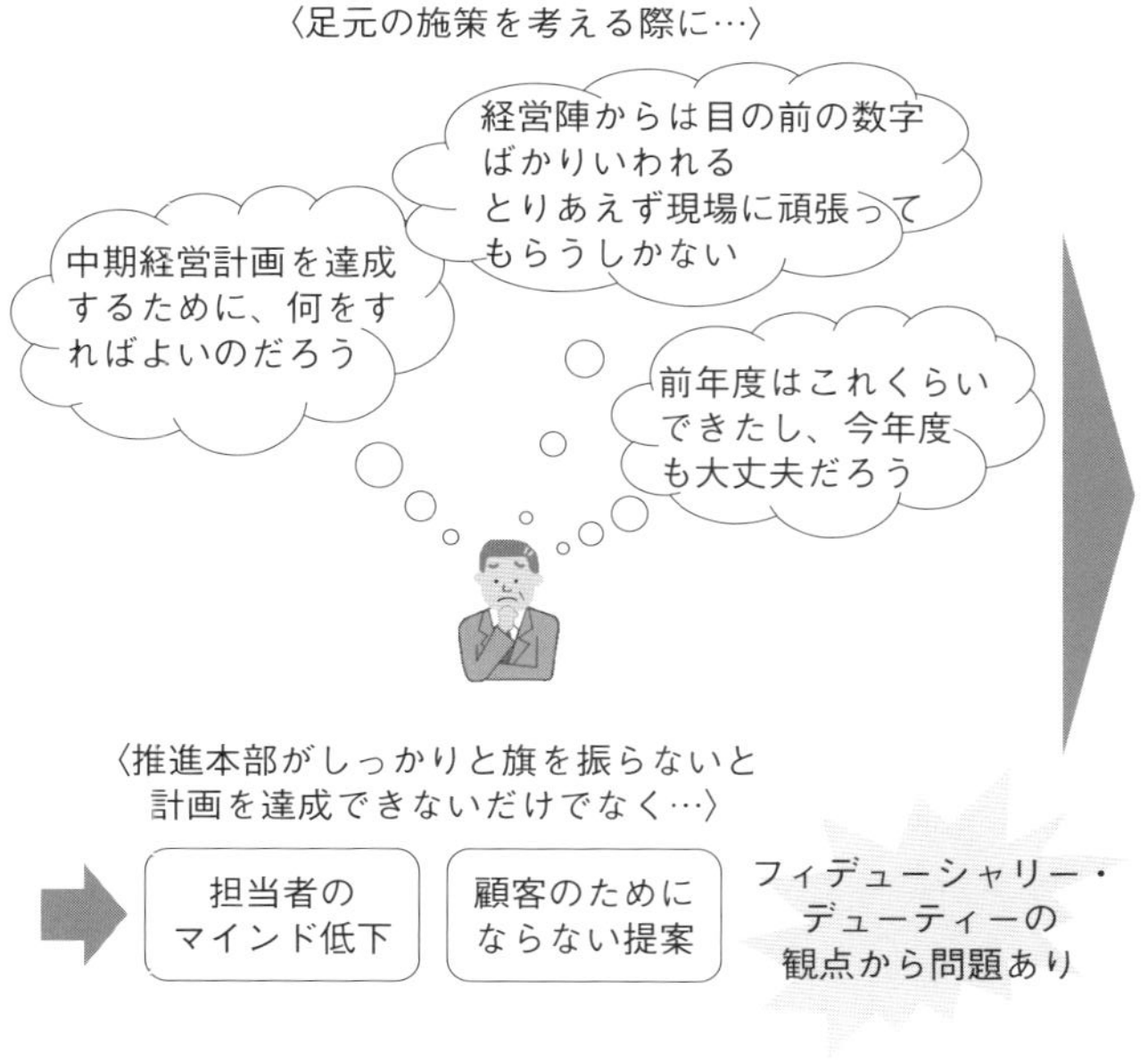
〈足元の施策を考える際に…〉
経営陣からは目の前の数字ばかりいわれる
とりあえず現場に頑張ってもらうしかない
中期経営計画を達成するために、何をすればよいのだろう
前年度はこれくらいできたし、今年度も大丈夫だろう
〈推進本部がしっかりと旗を振らないと計画を達成できないだけでなく…〉
担当者のマインド低下
顧客のためにならない提案
フィデューシャリー・デューティーの観点から問題あり

〈施策の策定時に検討する「３つの切り口」〉

①商品

・長期安定運用ニーズに応える商品（コア運用商品）
・既存ラインアップ
・時勢をとらえたファンド追加の要否

②資金源泉

・コア＆サテライト運用戦略の活用によるニューマネーの獲得
・積立投資の推進

③担い手

・担い手の人数推移
・一人当り販売額水準

販売計画額という一つの数字を、「商品別の販売水準からみて妥当か」「ニューマネーや乗換えといった資金源泉からみて妥当か」「担い手一人当りの販売額水準からみて妥当か」という視点で見つめ直し、それぞれに無理がないか、無理があるとしたら、どのような施策を講じておくべきか、といった観点で計画を策定しているということです。

それでは、それぞれの切り口でみたときの「課題や解決策」などについて詳しく説明していきます。

(1) 商品からみた販売計画の妥当性評価

三つの切り口のうち、一つ目「商品」についてです。

当社では、「長期安定運用ニーズに応える商品」として、また、担当者が「銀行のお客さまに自信をもって提案できる商品」として、「コアらしいコア運用商品」の開発に取り組んで参りました。安定性重視の運用の基本は、幅広い資産に分散投資し、中長期でじっくり運用して世界経済の成長果実を享受するものですが、かつての「バランス型ファンド」に不満の声があったのも確かです。「分散投資をしていたのに想定以上に大きく下がった」「投資環境は大きく変化しているのに、投資対象や配分比率の見直しがされず、プロに運用を任せる投資信託のメリットが小さい」といった声が、お客さまだけでなく担当者からも、多く寄せられました。

分散投資の第一世代、国内と先進国の株式と債券という伝統四資産では、米国を発端としたリーマンショック時の下落が大きく、その後、なかなか下落分を取り戻せませんでした。第二世代は、リターン低迷への対応策として、伝統四資産に高い経済成長が見込まれる新興国資産を加えた分散投資です。リターンが向上する一方で、ブレ幅が拡大するといった新たな課題が生じました。そして第三世代は、これらの課題に対応し、銀行のお客さまのニーズに応えるべく開発したラップ型投資信託です。

ラップ型投資信託の特徴は、幅広い資産を組み入れることで、「ふやす」機能を高めるとともに、短期的な市場下落時のリスクを抑制する「守る」機能、市場環境の変化に応じてポートフォリオを「見直す」機能を備えていることです。

さらに、さまざまな環境の変化に対応して、コアファンド以外のラインアップを拡充することも重要です。市場環境の影響を受けづらい「コア商品」をベースに販売計画を策定しますが、それに加えて、足元の市場環境をふまえた「サテライト商品」販売での積上げも計画します。その結果、既存のサテライト商品のラインアップから見込める販売額だけでは「販売計画達成」には無理があるというケースもありますし、期中になってから、顧客ニーズや市場環境に想定外の変化が生じることによって、ラインアップの過不足が発生することもあると考えています。

フローとストックの両立を目指すためには、このような「顧客ニーズや市場環境に応じた商品導入計画の策定」とタイムリーな見直し、それに加えて「既存商品のリバイバル」なども重要であると考えています。

(2) 資金源泉からみた販売計画の妥当性評価

二つ目「資金源泉」について説明します。

「投資信託の残高増加」には、ニューマネーという「資金源泉」の確保がカギになります。前掲図表1－4で、当社が「販売スタイルの転換」や「それにふさわしい投資信託の開発」にあたり、日本の個人のお客さまの資産運用の状況と潜在的なニーズをどうとらえているかを示しました。

日本の個人金融資産約一八〇〇兆円のうち、株式・債券・投資信託で運用されているお金は約一六％です。その小さいスペースに対して、証券会社や銀行が競合しながら株式や投資信託での運用を提案していると考えました。当社は、他の金融機関と比べて店舗網や人員が少ないことから、顕在化している一六％の争奪戦だけで投資信託の残高を拡大させていくことは至難の業と考え、八四％の「安全資産」、預金や国債に眠っている資金に注目しました。銀行を利用する多くのお客さまがもっているニーズ「長期で安定した運用に期待する」資金です。この資金を取り込むためには、「安全資産のなかにある資産運用ニーズの掘り起こし」が大切と考え、「コア＆サテライト運用」「ニーズ喚起ツールの活用」に注力して参りました（図表2－4）。

また、ニューマネーの獲得だけではなく、当社への「資産集約」にも力を入れています。企業年金で培った強みである「コンサルティング営業」による資産集約がポイントになると考えて、コンサルティング営業の強化に取り組んでいます。

ここで、個人金融資産の八四％を占める「長期で安定した運用に期待する資金」への提案として活用している「コア＆サテライト運用」の具体的なアプローチについて、四パターンに分けてご紹介します。図表2－5のいちばん左は「投資信託未保有客」のケース

●ニューマネーの獲得

~安全資産のなかにある資産運用ニーズの掘り起こし~

・「コア&サテライト運用」戦略の活用

・ニーズ喚起ツールの活用

●他社資産の獲得

~コンサルティング営業により当社へ資産集約~

・商品（プロダクト）営業ではなく、お客さまの金融資産全体を俯瞰した提案をするコンサルティング営業力の強化

(2018年3月末)。

図表２－４　潜在ニーズを掘り起こすための営業戦略

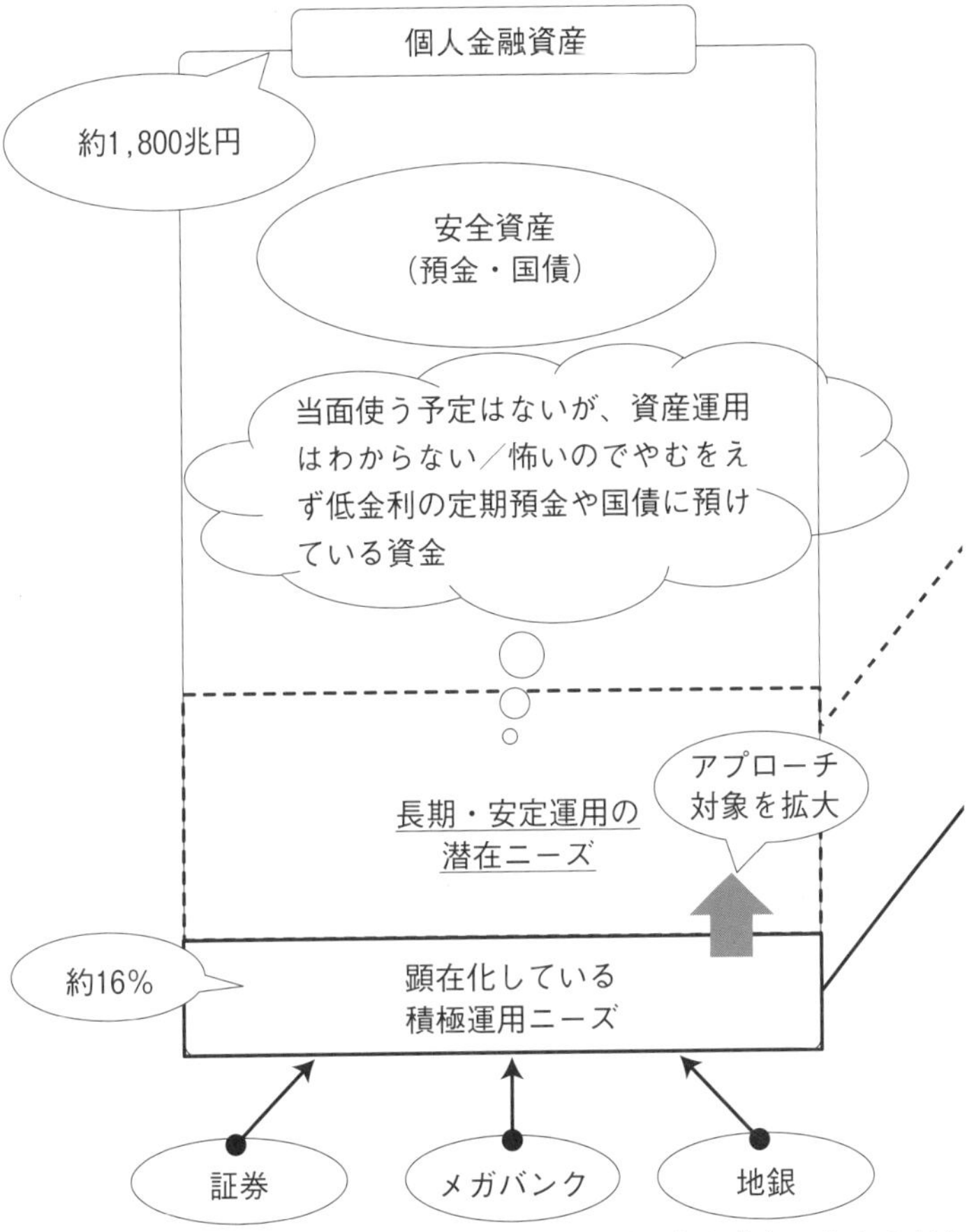

（注）　約16％：個人金融資産のうち「株式・債券・投信等」が占める割合
（出所）　日本銀行「資金循環統計」

図表2－5　「コア&サテライト運用」の具体的なアプローチ

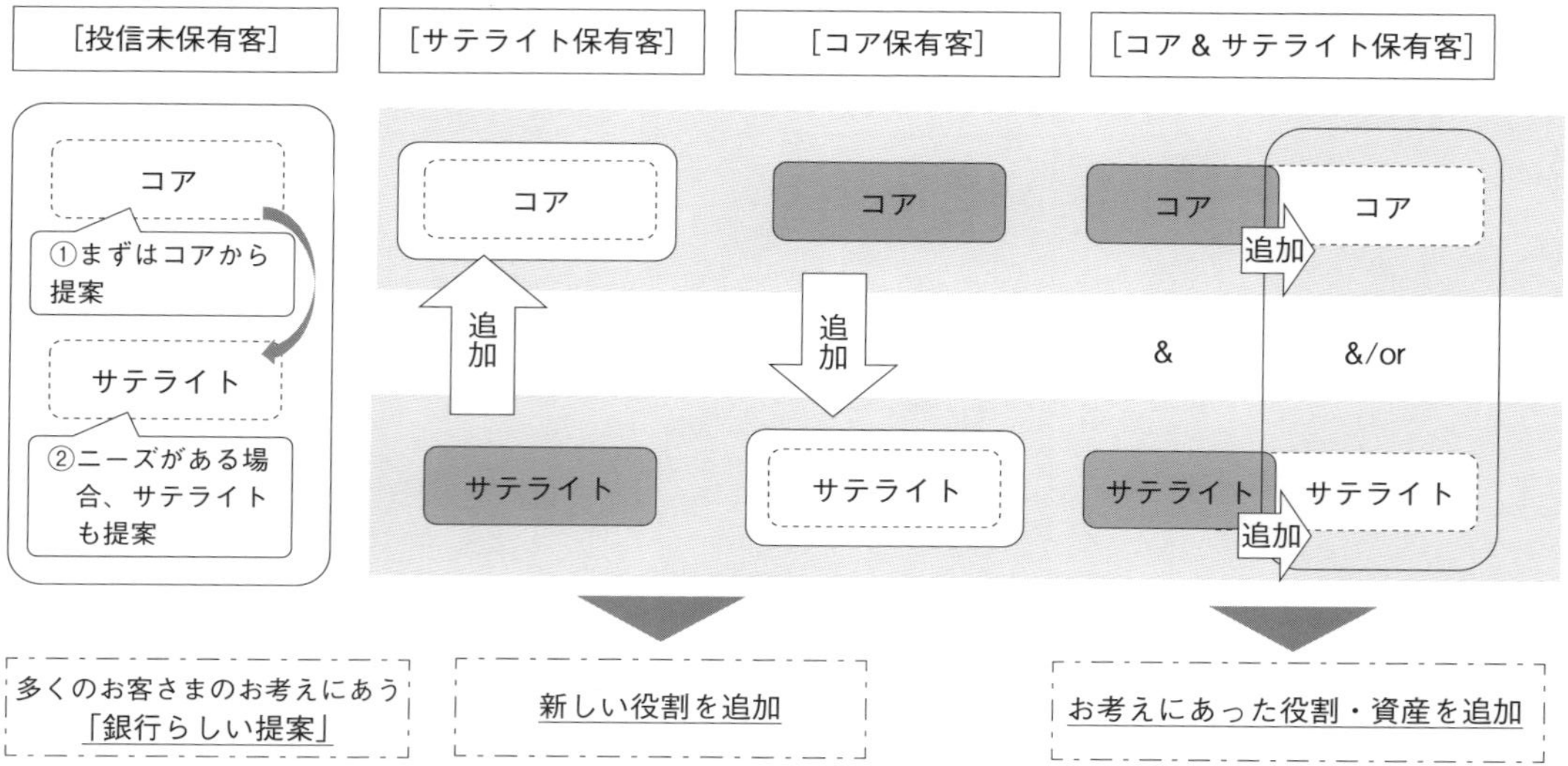

です。銀行のお客さまの多くがこのケースになりますが、これまで説明してきたように、「銀行らしい提案」として、まずは「長期・分散・安定」に資するコアから提案し、そのうえで、サテライトのニーズがあれば、追加でサテライトも提案します。

右の三つのケース「サテライト保有客」「コア保有客」「コア&サテライト保有客」は、いずれもすでに投資信託を保有されているお客さまです。こうしたお客さまに対しては、「新しい役割」や「もっていない資産」を追加してもらうことを提案します。これによって、追加投資につながりやすくなります。

このように、コア&サテライト運用提案により、保有資産の役割を明確にして、お客さまの運用に対する考え方を整理することで、お客さまが納得感をもって商品を選ぶことができると考えています。

同じことを販売者側からみると、「コア&サテライト運用」の考え方を基本に据えて「外部からの入金」「定期預金・普通預金からの振替え」など、預り資産ビジネスにとってニューマネーとなる提案方法・ストーリーを構築しておくことが重要ということになります。

販売計画の策定にあたっても、ニューマネーによる購入がどれくらいか、乗換えによる購入がどれくらいかを考えておく必要があります。乗換えによる購入が毎期、どれくらいあるかは経験的にある程度予測することができます。ニューマネーには定期預金など行内にある資金と、外部からの資金がありますが、行内にある資金であれば、たとえば、一年以内に満期が到来する定期預金がどれくらいあるかは把握できますし、キャンペーンを打つことによって他社から流入する資金がどれくらいあるかもこれまでの経験からある程度予測できます。こうした観点から販売計画をチェックして、無理があるようなら、キャンペーンの回数をふやすなどの手を打つ必要があります。

ニューマネーに対する提案方法やストーリーをもたず、販売計画にそれを織り込む作業もせずに、それでも販売計画を達成しようとすれば、乗換販売が販売額の大部分を占める状態になり、想定以上の投資信託の解約が発生することにもなりかねません。逆に、解約資金が大部分の乗換販売では販売計画に見合う資金源泉が確保できないこととなります。

(3) 担い手からみた販売計画の妥当性評価

三つ目の「担い手」について説明します。

図表２－６　１人当り販売額の要因分解

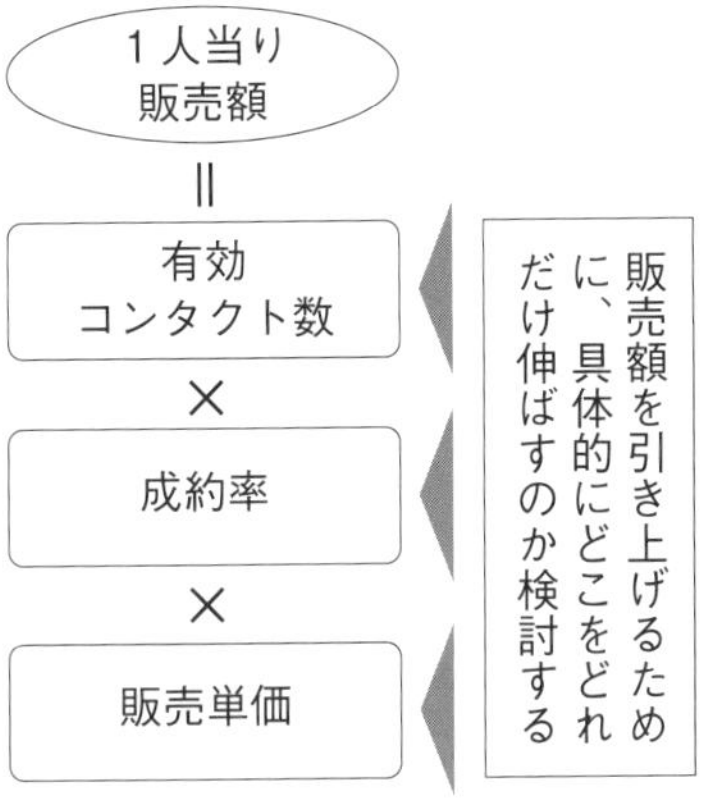

銀行全体の販売額を引き上げるには、シンプルにいえば「担い手の数をふやす方法」と「一人当りの販売額水準を向上させる方法」があります。人員には限りがありますので、当社では、担い手の「一人当り販売額水準」をどの程度引き上げられるかが非常に重要であると考えています。

図表2－6は、この担い手「一人当りの販売額」を「有効コンタクト数」×「成約率」×「販売単価」に分解したものです。たとえば、販売計画を達成するために二〇％販売増が必要だとします。その場合、「有効コンタクト数」で一〇％ふやし、「成約率×販売単価」で一〇％ふやすのか、それとも「有効コンタクト数」を五％ふやし、「成約率×販売単価」を一五％ふやすほうが現実的なのか、それを達成するには、どんな施策

が必要かといった手順で考えていきます。

計画段階でこのようなアプローチを採用していれば、期中に販売状況が厳しくなった際、追加施策の策定の要否も、同様の枠組みで検討することができます。

前者の「有効コンタクト数」の引上げ施策としては、たとえば「アポとりスクリプト・模範ロープレの発信」などを行っており、後者の「成約率×販売単価」の引上げに対しては、「販売実践研修」や「ロールプレイング手法の拡充」といった施策を実施しています。

3 投資信託の残高を積み上げるには、いかにコアファンドが重要であるか

前項では、⑴商品からみた販売計画の妥当性評価、⑵資金源泉からみた販売計画の妥当性評価、⑶担い手からみた販売計画の妥当性評価を分けて説明しましたが、実際には、資金源泉としてニューマネーからの成約を見込むならば、それに見合う「ニューマネーから成約しやすいコア商品」の販売を想定する必要がありますし、その販売を実行するためには、コア商品を提案できる担当者の育成も必須となります。このように⑴～⑶の要素は互いに独立した項目ではなく、三つの側面がすべて実現できるように取り組んでいく必要があります。

当社におけるそうした取組みが、どのような結果をもたらしているかを検証してみましょう。投資信託の残高、つまりストックを増減させる要因を、「販売－《マイナス》解約」「分配金流出」「時価変動」の三つに分解して、主要項目について確認してみます。図表2－7の①②の二つの折れ線グラフは、「販売－解約」つまり純増と、「分配金流出」について、市場全体と当社との比較を示したものです。

図表2－7　純増（販売－解約）率と分配金流出率の推移

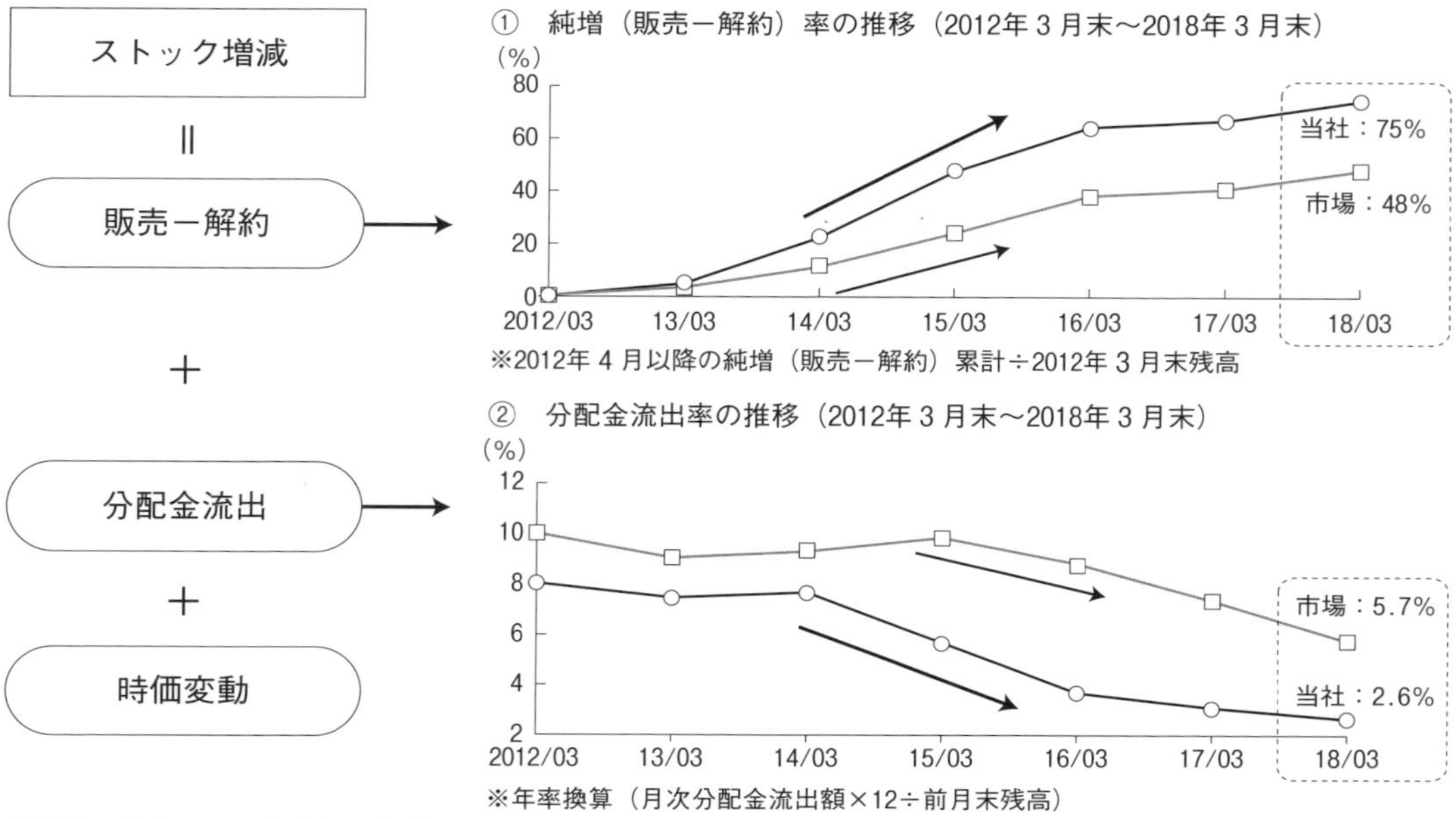

（出所）　社内データをもとに作成。
「市場」は投資信託協会「公募投資信託の資産増減状況」のデータ（株式投信（除ETF））を使用。

まず、「①純増（販売－解約）率の推移」では、市場全体の四八％に対して、当社は七五％となっています。当社では「（乗換えではなく）新しい資金での投資」にこだわってきましたが、その結果、少しずつ市場平均を上回るレベルになってきています。

次に、「②分配金流出率の推移」では、市場全体の五・七％に比べ、当社は二・六％程度となっています。過去、当社においても、いわゆる分配売りが少なからずありましたが、「お客さまは本当に分配金を必要としているか」を見極めて提案する活動に根気よく取り組んできたところ、こちらも、足元では市場全体を下回る水準で推移しています。

残高を安定的に積み上げやすい商品に必要な要素としては、図表2－8に記載のとおり、「ニューマネーからの成約につながりやすい」「平均保有期間が長い（解約率が低い）」「分配金流出率が低い」「時価変動が相対的に小さい」の四つがあげられます。これら四つの要素について、コアとサテライトを比較すると、どの項目でみても、一般的にはコアのほうがサテライトよりも優位であることが確認できます。お客さまの目線でみても、ブレ幅が小さく安定的なコア運用は「長期・安定運用の潜在ニーズ」に応えるものと考えています。

図表２－８　投信残高の積上げに必要な要素

目的	ストックの積上げ

↓

実現のために重要な項目
いかに新しい資金から獲得ができるか
いかに長期保有いただくことができるか
いかに分配金での流出を抑えることができるか
いかに市場変動の影響を小さくできるか

↓ コア・サテライトでみてみると…

	コア	サテライト
ニューマネー比率	高	低
平均保有期間	長	短
分配金流出率	低	高
市場変動に伴うブレ	小	大

残高増加に向けた取組みにあたって、コアを主軸とした販売戦略がいかに重要であるかということについて、これまでの当社での取組みを通じて、定量的に確認してみましょう。図表２－９は、当社が計画策定の際に参考にしているエクセルシートのエッセンスを抜粋したものです。

二〇一一年度頃、当社の販売額は年間一兆円程度の水準で、コアの販売

図表２－９　2011年度実績を前提とした将来残高のシミュレーション

【三井住友信託銀行】2011年度実績

（億円）

		コア	サテライト	合計
A	年間販売額	－		10,000
B	販売比率	5%	95%	100%
	末残	1,400	20,700	22,100
	分配金率	0%	10%	－
C	平均保有期間	5.2年	2.1年	－
	想定時価増	2%	10%	－

※コア：コアラップ・ファンドラップ等
　サテライト：コア以外の投資信託

課題
従来のスタイルでは、
10年経っても
せいぜい横ばい…

▼将来残高

（億円）

経過年数	コア残高	サテ残高	合計残高	増加率
【0】	1,400	20,700	22,100	－
【5】	2,323	19,781	22,104	0%
【10】	2,678	19,753	22,431	1%

▼残高シミュレーション

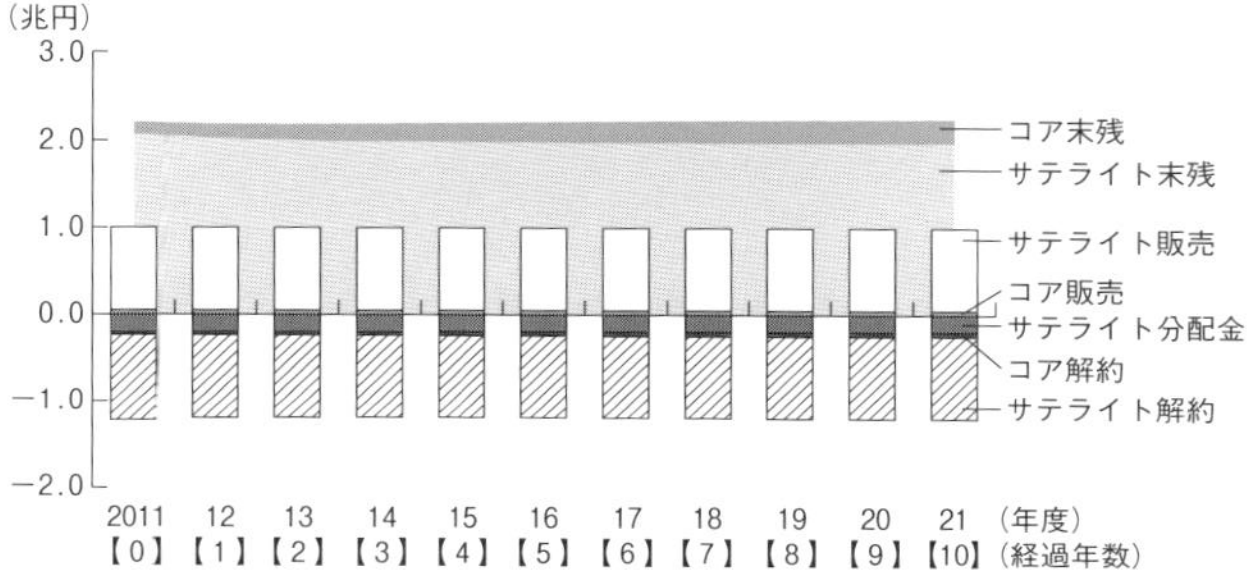

⇒一定程度積み上がると、いずれ残高は頭打ちに（＝販売力は無限ではない）

残高が伸びない課題を克服するために…

3つの要素に着目

A　年間販売額の引上げ

B　コア販売比率の引上げ

C　平均保有期間の長期化

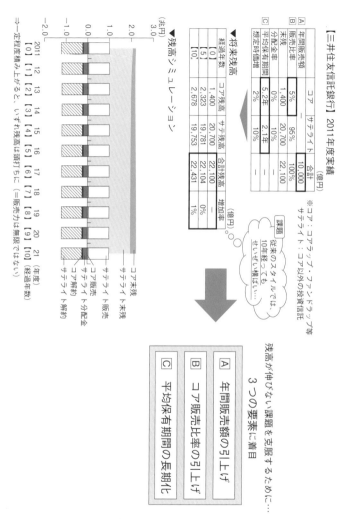

比率は五%、サテライトの平均保有期間が二・一年といった状況でした。この前提で将来予測をすると、毎年一兆円規模の販売を継続しても、「二・二兆円程度の残高が一〇年経っても、せいぜい横ばい」というきわめて厳しい結果となりました。サテライトの保有期間が短いために、いくら努力して販売してもサテライトの解約額をカバーするだけで精一杯となってしまうためです。

この残高の伸びの限界を突破するには、この予測の前提項目でもある「三つの要素」に着目して取り組むことが必要であると考えました。予測の前提となっている「三つの要素に対応して、「A：年間販売額の引上げ」「B：コア販売比率の引上げ」「C：平均保有期間の長期化」に努めることです。Aの販売額を引き上げるという方法が自然な発想ですが、一方で、販売担当者の数には限りがありますし、過大な目標設定は提案の質を落としかねないとも考えました。したがって、無理が生じないようにバランスに配慮しながら、A・B・Cそれぞれに効果がある施策を打ち出してきました。

図表2－10は、A・B・Cの各要素をバラバラに引き上げることで、将来残高がどう変化するかを示したものです。

Aの「年間販売額の引上げ」は、一年当り一〇〇〇億円ずつ引き上げ、五年後に一・五兆円の販売水準とした場合です。右のグラフをご覧いただきますと、五年後に二・九兆円、一〇年後に三・三兆円になることがわかります。ただし、前述のとおり、販売額は市場環境に左右されやすい点に留意が必要です。

Bの「コア販売比率の引上げ」は、当時のコア販売比率五％を三〇％に引き上げた場合です。右のグラフでは、五年後に二・六兆円、一〇年後に三兆円となります。このような効果が出る背景として、コアは分配金流出がないこと、長期保有が見込めることなどがあげられます。Bだけでも、相応の効果があることを確認できます。

最後はCの「平均保有期間の長期化」です。コアは、もともと解約率が低い傾向にありますが、アフターフォローの充実などで、もう一段、長期化できるのではないか、と考えました。右のグラフでは、五年後に二・六兆円、一〇年後に二・七兆円と、Cだけでも、相応の効果があることをご確認いただけると思います。

図表2－11は、A・B・Cすべてが改善した場合です。グラフには掲載していませんが、「B：コア販売比率の引上げ」と「C：平均保有期間の長期化」の二つだけ改善した場合の将来残高は、五年経過時点で三兆円、一〇年経過時点で三・五兆円ですので、Aの販売引上効果を上回ります。つまり、販売の「量」と「質」で考えると、量的な要素であ

げた場合の将来残高のシミュレーション

[要素別　残高シミュレーション]

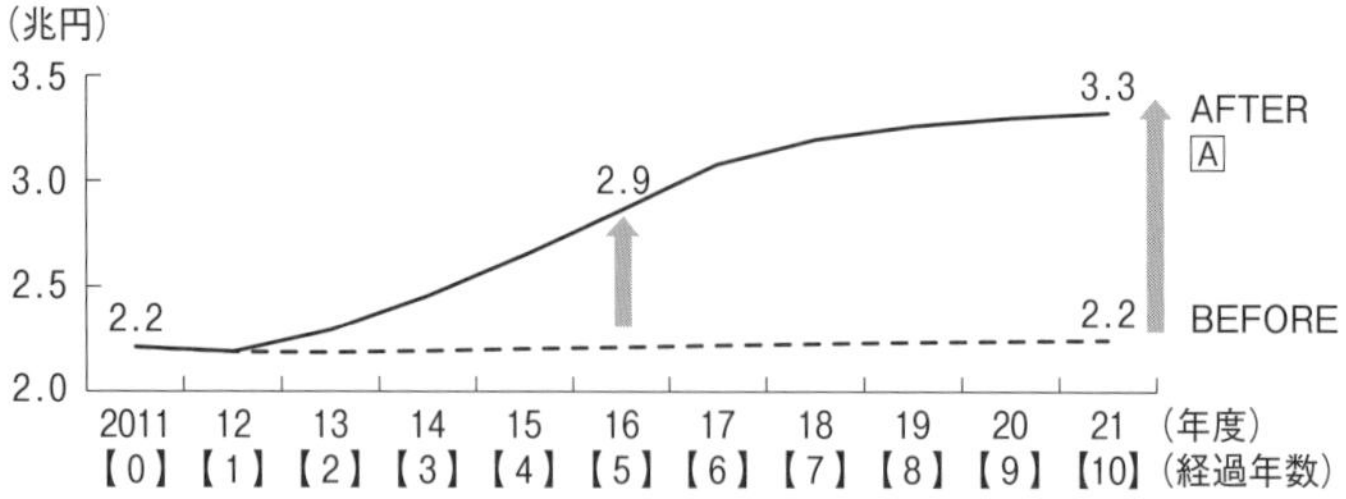

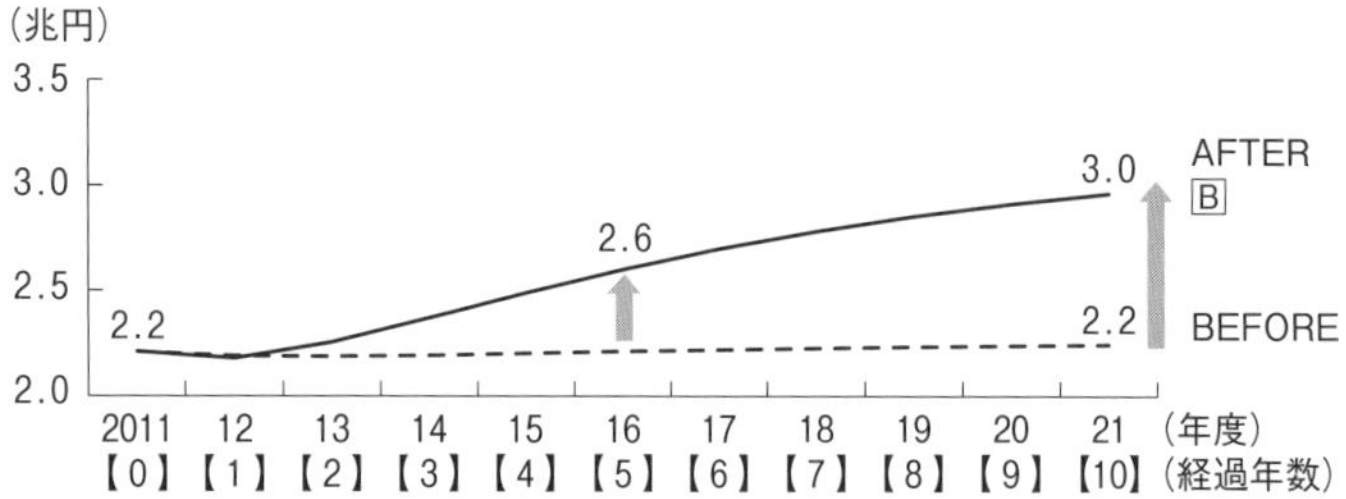

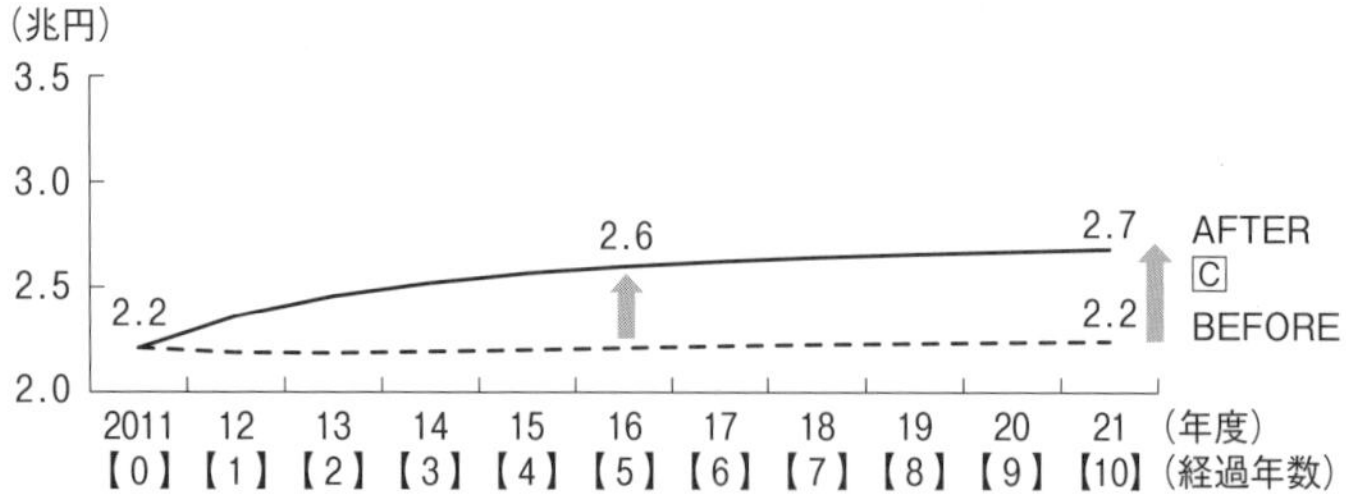

図表2－10　年間販売額・コア販売比率・平均保有期間を個別に引き上

[A　年間販売額の引上げ]

（億円）

		コア	サテライト	合計
年間販売額		－		10,000
		n＝	5	15,000

※＋1,000億円／年×5年以降据置き

▼将来残高

（億円）

経過年数	コア残高	サテ残高	合計残高	増加率
【0】	1,400	20,700	22,100	－
【5】	2,748	25,862	28,609	29%
【10】	3,733	29,517	33,250	50%

[B　コア販売比率の引上げ]

	コア	サテライト	合計
販売比率	5%	95%	100%
	30%	70%	100%

▼将来残高

（億円）

経過年数	コア残高	サテ残高	合計残高	増加率
【0】	1,400	20,700	22,100	－
【5】	11,251	14,737	25,988	18%
【10】	15,033	14,560	29,593	34%

[C　平均保有期間の長期化]

	コア	サテライト	合計
平均保有期間	5.2年	2.1年	－
	7.0年	2.5年	－

▼将来残高

（億円）

経過年数	コア残高	サテ残高	合計残高	増加率
【0】	1,400	20,700	22,100	－
【5】	2,692	23,296	25,988	18%
【10】	3,357	23,460	26,816	21%

げた場合の将来残高のシミュレーション

[ABCすべてが実現した場合の残高シミュレーション]

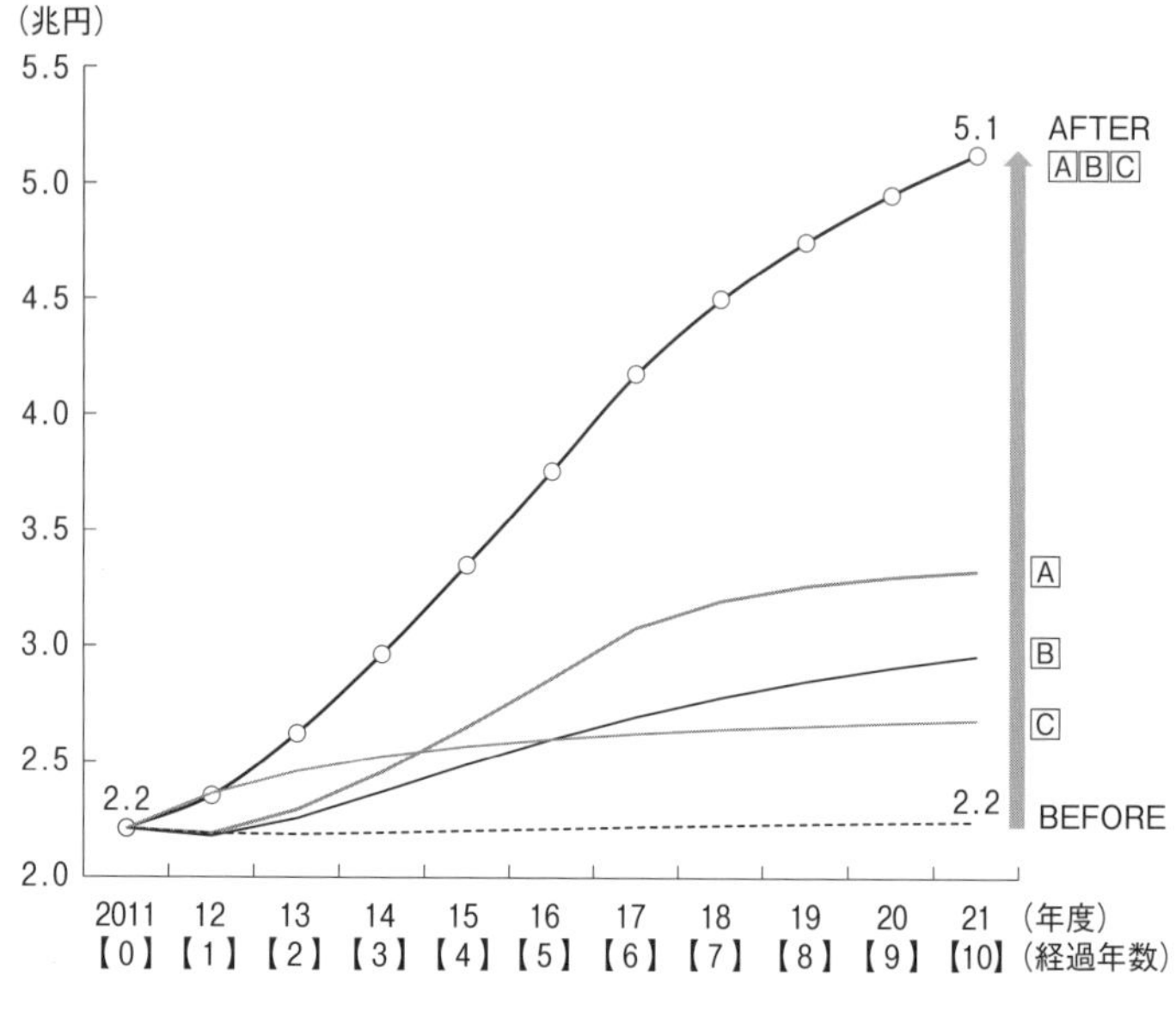

図表2－11　年間販売額・コア販売比率・平均保有期間を同時に引き上

A　年間販売額の引上げ

＋

B　コア販売比率の引上げ

＋

C　平均保有期間の長期化

▼各要素の引上げ・長期化の条件　（億円）

		コア	サテライト	合計
A	年間販売額	n＝	5	15,000
B	販売比率	30%	70%	100%
	末残	1,400	20,700	22,100
	分配金率	0%	10%	－
C	平均保有期間	7.0年	2.5年	－
	想定時価増	2%	10%	－

※＋1,000億円／年×5年以降据置き

▼将来残高　（億円）

経過年数	コア残高	サテ残高	合計残高	増加率
【0】	1,400	20,700	22,100	－
【5】	15,221	22,342	37,563	70%
【10】	25,575	25,715	51,290	132%

※コア：コアラップ、ファンドラップ等
　サテライト：コア以外の投資信託

るAがダメでも、質的な要素であるBとCの改善だけでA以上の効果がある、ということです。このことからも、販売額の引上げのみに着目するのではなく、「コア比率の増加」や「保有期間の長期化」にこだわった販売額の引上げが、いかに重要であるかを確認できます。

実際の当社の実績については、二〇一二～二〇一五年度は施策がうまく噛み合った結果、比較的順調な残高増加を実現しました。二〇一六年三月末時点の残高は三・五兆円と、シミュレーションを上回る結果となっています。一方で、二〇一六年度は六月の英国のEU離脱問題を受けた相場下落等による販売低迷の影響で、二〇一六年九月末時点の残高は三・四兆円となりましたが、二〇一八年三月末には三・七兆円まで残高を伸ばすことができました。

4 それでも、投資信託の残高には〝ガラスの天井〟がある

(1) 投資信託の残高の限界は「年間販売額／(解約率＋分配金率－時価上昇率)」

「預り資産ビジネス」の推進には投資信託の残高積上げが不可欠ですが、その戦略構築にあたっては、「販売会社として、どこまで投資信託の残高を積み上げることができるのか」ということも確認しておくことが、とても重要であると考えています。

結論から申し上げると、投資信託の残高を積み上げられる限界は「年間販売額／(解約率＋分配金率－時価上昇率)」程度となるという目安をもっておくべきだと考えています。つまり、年間の投資信託の販売額が一〇〇〇億円、解約率が五〇％(平均保有期間が二年)、分配金率が一〇％、時価上昇率が一〇％だとすると、一〇〇〇億円／(〇・五＋〇・一－〇・一)＝二〇〇〇億円程度ということです。

営業担当者一人当りの販売額を伸ばし続けることが不可能な一方で、不動産購入や相続発生などによる解約は「残高の一定割合」で発生することから、残高が拡大していくと、

図表2－12　投信の残高をどこまで積み上げることができるか

第n期末の投信残高を$Fn(F_0=0)$、年間販売額をP、解約率をq、分配金率をd、時価上昇率をrとして、簡単のため、販売、解約、分配金は、すべて期末に発生すると仮定すると、Fnは、次の漸化式を満たす。

$$Fn=F_{n-1}\times(1+r)-F_{n-1}\times(q+d)+P \cdots\cdots (1)$$

$$\Leftrightarrow Fn-\alpha=(1+r-q-d)\times(F_{n-1}-\alpha)$$

ただし、$\alpha=\mathrm{P}/(q+d-r)$

$$\Leftrightarrow Fn=-\alpha(1+r-q-d)^n+\alpha$$

ただし、$\alpha=P/(q+d-r)$

ここで、分配金率dがおおむね収益率rと同水準と考えると、

$1+r-q-d\fallingdotseq 1-q<1$となり、$n\to\infty$では、

$$F_\infty=\alpha=P/(q+d-r)$$

すなわち、

投信残高の限界額＝年間販売額／(解約率＋分配金率－時価上昇率)。

その販売会社の投資信託の販売額と解約額（＝残高×解約率）が均衡する残高にどこかで達すると考えれば、前述の算式は、ある程度、納得感があるかと思います。

少しマニアックな算式になってしまいますが、図表2－12のような考え方で、この算式を導き出すことができます。

(2) だからこそ、「預り資産ビジネス」の拡大に向けては「顧客本位の業務運営」が重要

先ほどは、「営業担当者が一人当りの販売額を伸ばし続けることは不可能」と申し上げましたが、これは、あくまでも「営業担当者が販売を伸ばす」エンジンであると考えたからです。

もし仮に、「顧客本位の業務運営」を確立して、中長期的に顧客満足度のアップにより、「お客さまがお客さまを呼ぶモデル」を構築できた販売会社があったとすると、「（営業担当者による）年間販売額＋（お客さまによる）年間販売額」がその会社の販売額になります。後者は、残高（≒顧客数）に比例して拡大すると考えられますので、「残高×（FD実践による）増殖率」というような算式で表せます（図表2－13）。

（FD実践による）増殖率を考慮した場合、結論から申し上げますと、投資信託の残高を積み上げられる限界は「（営業担当者による）年間販売額／（解約率＋分配金率－時価上昇率－（FD実践による）増殖率）」程度となります。

簡単のため、分配金率＝時価上昇率と考えると、「年間販売額／（解約率－（FD実践に

図表２－13　FD実践による顧客数増加を加味して投信残高積上げの上限を考える

図表２－12の前提に加えて、（FD実践による）増殖率をsとし、簡単のため、これも期末に発生すると仮定すると、図表２－12(1)のFnに関する漸化式は下記のとおりとなる。 $Fn=F_{n-1}\times(1+r)-F_{n-1}\times(q+d)+F_{n-1}\times s+P$ ……………(2) $\Leftrightarrow Fn-\alpha=(1+r+s-q-d)\times(F_{n-1}-\alpha)$ ただし、$\alpha=P/(q+d-r-s)$ $\Leftrightarrow Fn=-\alpha(1+r+s-q-d)^{n}+\alpha$ ただし、$\alpha=P/(q+d-r-s)$ ここで、分配金率dがおおむね収益率rと同水準と考えると、 $1+r+s-q-d\fallingdotseq 1+s-q$となる。$n\to\infty$で収束する条件は $1+s-q<1$ ……………(3) (3)が成立しているとすると、$F_{\infty}=\alpha=P/(q+d-r-s)$ すなわち、 投信残高の限界額＝ 年間販売額／{解約率＋分配金率－時価上昇率－(FD実践による)増殖率}

よる）増殖率）」程度となりますが、この限界が発生するのは、解約率が（FD実践による）増殖率を上回る場合で、逆に、「解約率を上回る（FD実践による）増殖率」とすることができれば、理論上は、時価上昇に頼らなくても、投資信託の残高を無限に積み上げることができます。

考えてみれば、解約額よりも（自然に）残高に比例して販売できる額のほうが大きければ、小難しい算式を持ち出さなくても、残高を無限に積み上げることができるというのは当然の結果といえます。しかしながら、現実的には、そのような状態を継続することは困難ですので、「①（営業担当者による）年間販売額／（②解約率＋③分配金率－④時価上昇率－⑤（FD実践による）増殖率）」の算式を思い浮かべながら、①はできるだけ大きく、②③はできるだけ小さく、④はできるだけ〝安定的に〟、⑤は「顧客本位の業務運営」に販売会社として本気で取り組んで、できるだけ大きくすることがとても重要であると考えています。このように考えると、NPS（Net Promoter Score）と呼ばれる顧客ロイヤルティの高さを示す指標と企業の成長性に強い相関があり、NPSという指標への注目が世界的に高まっていることも頷けます。

残高積上げの要素は、このように簡潔に数式化できますが、実際の営業現場で、これらを実践していくことは容易ではありません。

たとえば、販売額のほとんどを乗換えに頼っており、その販売会社の投資信託の残高が理論上の上限（＝年間販売額／解約率）に近づいているような状況で、経営層から「残高を三年後に●億円に積み上げよう」という声がかかったとしましょう。その場合、残高を積み上げるためには販売額をふやさなければいけないと考えて、販売額を二倍にしたとしても、販売が乗換えに依存していますので、解約率も二倍になってしまいます。

その結果、分子の販売額が二倍になっても、分母の解約率も二倍になるため、この〝ガラスの天井〟ともいうべき、理論上の上限の残高はいっさいふえません。それでも旗を振り続ければ、かなり強引に販売額をふやすことになり、むしろ、「⑤（FD実践による）増殖率」の項目がマイナスとなって、さらに状況を悪化させることにもつながりかねません。①～⑤の要素は、短期的にはトレードオフになるような関係でもあり、投資信託ビジネスの現状を考えると、「フローからストックへ」と販売会社の体質を改善するには、少なくとも五年以上は必要と覚悟して取り組む必要があると考えています。

また、実際のビジネスでは、市場環境がよくなれば、利益確定の売却が増加することは確かで、お客さまへのアフターフォローに注力すれば、結果的には解約が増加する割には新規の販売が少ないという状況にもなります。また、市場環境が悪くなれば、純粋な投資商品よりもなんらかの保障機能がある貯蓄性保険への顧客ニーズが高まることもあります。このように市場環境に応じて、結果的に投資信託の残高が伸びづらい時期があることも十分に理解したうえで、販売会社としての各種施策を講じていくことがきわめて重要であると考えています。本来、「顧客本位の業務運営」と投資信託ビジネスはなんら反対の方向のものではないものの、時間軸も含めて、これらを両立することが容易ではないのは、こういった背景があるからだと考えています。

5 「顧客本位の業務運営」を進める〝三つのポイント〟

では、「顧客本位の業務運営」を実現して、「顧客が顧客を呼ぶ状況」（図表2－13の増殖率 s の増加）をつくりだすためにはどうすればいいのでしょうか。

「顧客本位の業務運営」の実践に向けては、まず、それがどのような考え方に基づくものなのか、その「理念」を、本部から支店、担当者一人ひとりまで、しっかりと浸透させることが必要であると考えています。加えて、この理念に基づいて、支店の責任者・担当者が日々の営業活動を行えるように、その理念を反映した「目標体系を整備すること」も重要です。「大義名分がないと人は動かないが、大義名分だけでも動かない」、すなわち、その活動を担保する目標体系の整備も伴わないと実効性が担保されないという考え方です。

ただ、預り資産ビジネスでは、この二つをそろえただけでは、実効性あるＰＤＣＡサイクルを構築するのはむずかしいと考えています。これらに加えて、当社では、関連する指標の「取組状況の見える化」を進めています。

見える化にあたっては、各支店・各担当者の立ち位置を全店レベルで相対化し、いま、なぜそこに立っているのか・それは意図しているものなのか・お客さまのニーズが反映されているものなのか、といった観点から、販売状況を確認できるような「仕組みづくり」に取り組んでいます。

図表2－14は、「顧客本位の業務運営」に向けた、当社グループの取組みを時系列でまとめたものです。二〇一六年九月に取組方針を公表し、その後、二〇一六年一二月に行動計画を公表、二〇一七年六月には取組方針や行動計画の見直しを行うとともに「成果指標（KPI）」を公表しました。当社内の取組みとしては、業績評価項目のなかにFD関連の目標を新設し、二〇一六年一〇月の店部長会議で、その背景などを説明しました。二〇一七年一月には、各営業店部がFD関連の取組状況を確認できるようなデータ配信等を開始し、二〇一七年四月には、あらためて「FDとは何か」という理念の浸透を、リテール部門の店部長会議で図りました。さらに、二〇一七年一二月には、投資信託等の評価会社を設立しました。このように、「顧客本位の業務運営」の取組みを進化させてきています。

以下では、「顧客本位の業務運営」を推進するための三つのポイント、「理念の浸透」「目標体系の整備」「取組状況の見える化」について、具体的にどんなことを行ってきたか

図表２－14　三井住友信託銀行における「顧客本位の業務運営」に向けた取組み

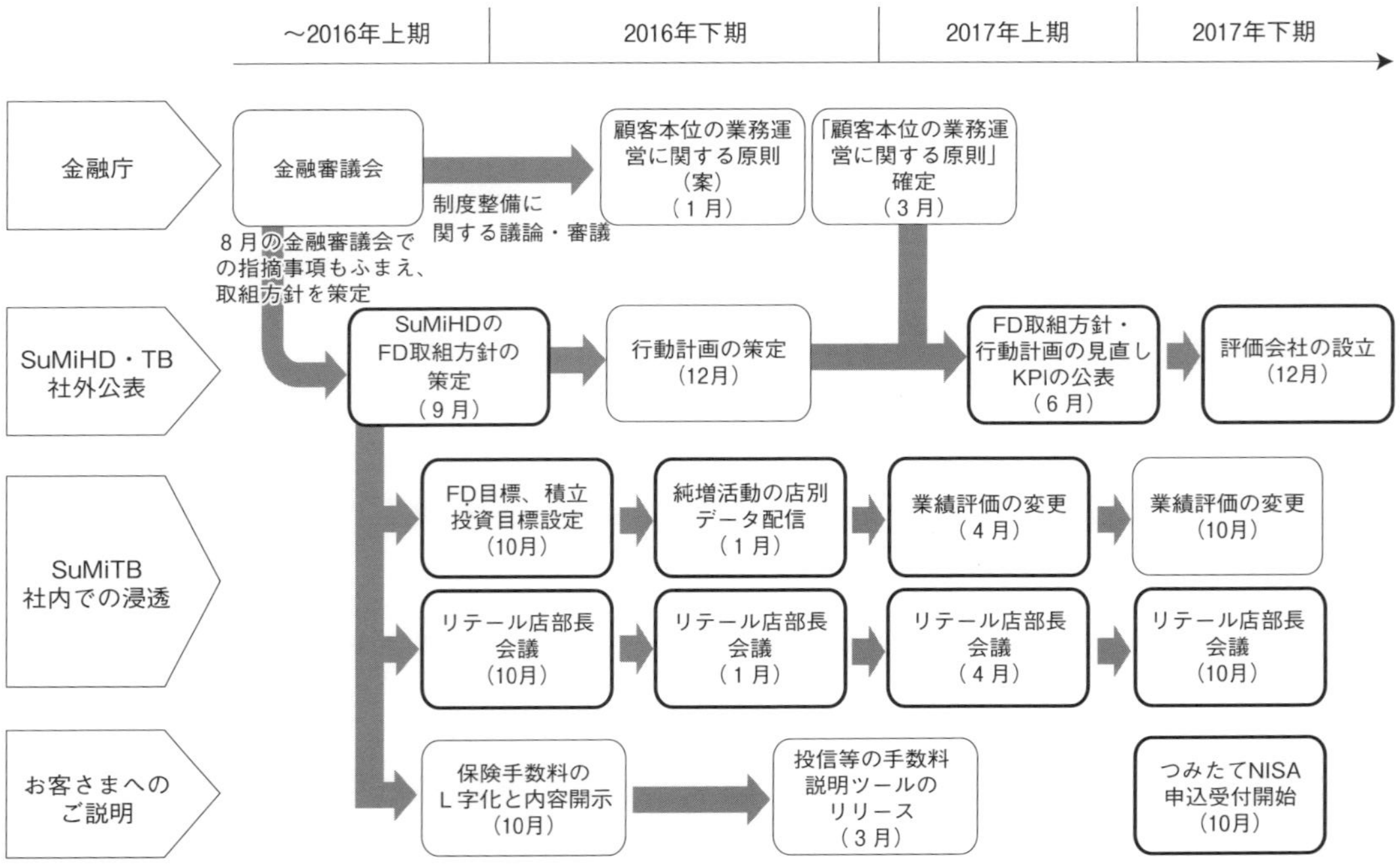

を説明します。

(1) いかに「顧客本位の業務運営」の理念を浸透させるか

「顧客本位の業務運営」（ＦＤ）の理念浸透では、前述のとおり、二〇一六年一〇月の店部長会議で、まず、当時、投資運用コンサルティング部長であった井戸が、企業年金での業務経験をふまえて、ＦＤについての補足説明をしました。臨場感をもって確認いただけるように、実際に店部長会議で使った言い回しを再現して、ご紹介します。

約二〇年、企業年金の仕事をしていましたが、当初、ＦＤはわかりづらい概念だと感じていました。新人研修の時から「受託者責任は善管注意義務と忠実義務からなる」などの説明を受けましたが、正直、どこか手触り感がなかったことも事実です。そんななか、入社三年目頃に印象に残ることがありました。

営業成績が優秀で、オーラが出ているような先輩がいました。その人が、あるお酒の席で「自分は、売れといわれればエスキモーにでも冷蔵庫を売ってくる」というのを聞いて、素直に「この人は、すごいな」と感心しましたが、同時に何か違うと違和感を覚えました。

企業年金の仕事をしながら考えたのは、お客さまと信託銀行の間には情報格差があり、その格差を利用して自分たちだけが有利になるような提案をしてはいけないということです。

私は、それが企業年金における受託者責任のエッセンスだと思って仕事をしていました。

いまは、ＦＤという言葉がとてもメジャーになりましたが、私は、先ほどの話には、投資信託・保険販売でも通じるところがあると感じています。リテールビジネスでも、やはり「エスキモーに冷蔵庫を売る」ようなことをしてはいけないと考えています。

その場では納得してもらっても、ご本人あるいは家族のだれかが、いつか必ず「不要なものを買わされた」と気づくはずです。

昨日、配信された「ＦＤに関する基本方針」を熟読しましたが、この実践こそが当社グループの存在意義、「付加価値そのもの」になりうると感じました。

それと同時に、収益は大事ですが、FD基本方針に反するような収益獲得は、たとえていうならば「健康を求めるあまり、健康のためなら死んでもいい」というのと同じような行為になるとも感じました。

また、だからこそ、信託銀行のDNAともいえる、この「基本方針」の実践が、リテール事業の持続的な成長を可能にすると考えています。

全支店長を前に、以上のような話をしたわけですが、「情報格差を利用して、自分たちだけが有利になるような提案をしてはいけない。いくら、お客さまがその場で満足していても、エスキモーに冷蔵庫を売ってはいけない」という企業年金での考え方は、預り資産ビジネスでのFDの概念と通じるものがあると考えています。

二〇一七年四月には、あらためて「FDとは何か」という理念の浸透を、リテール部門の店部長会議で図りました。といいますのは、FDのことを議論すると、本部でも、FD、コンプライアンス（法令遵守）、CS（顧客満足）の考え方の整理ができておらず、何でも「FDの観点では……」といってすませてしまうような状況だったからです。本部ですらこのような状況なので、営業店部にも、あらためてそれらの違いを明示的に説明し

図表２－15　FD・コンプライアンスとCSのイメージ

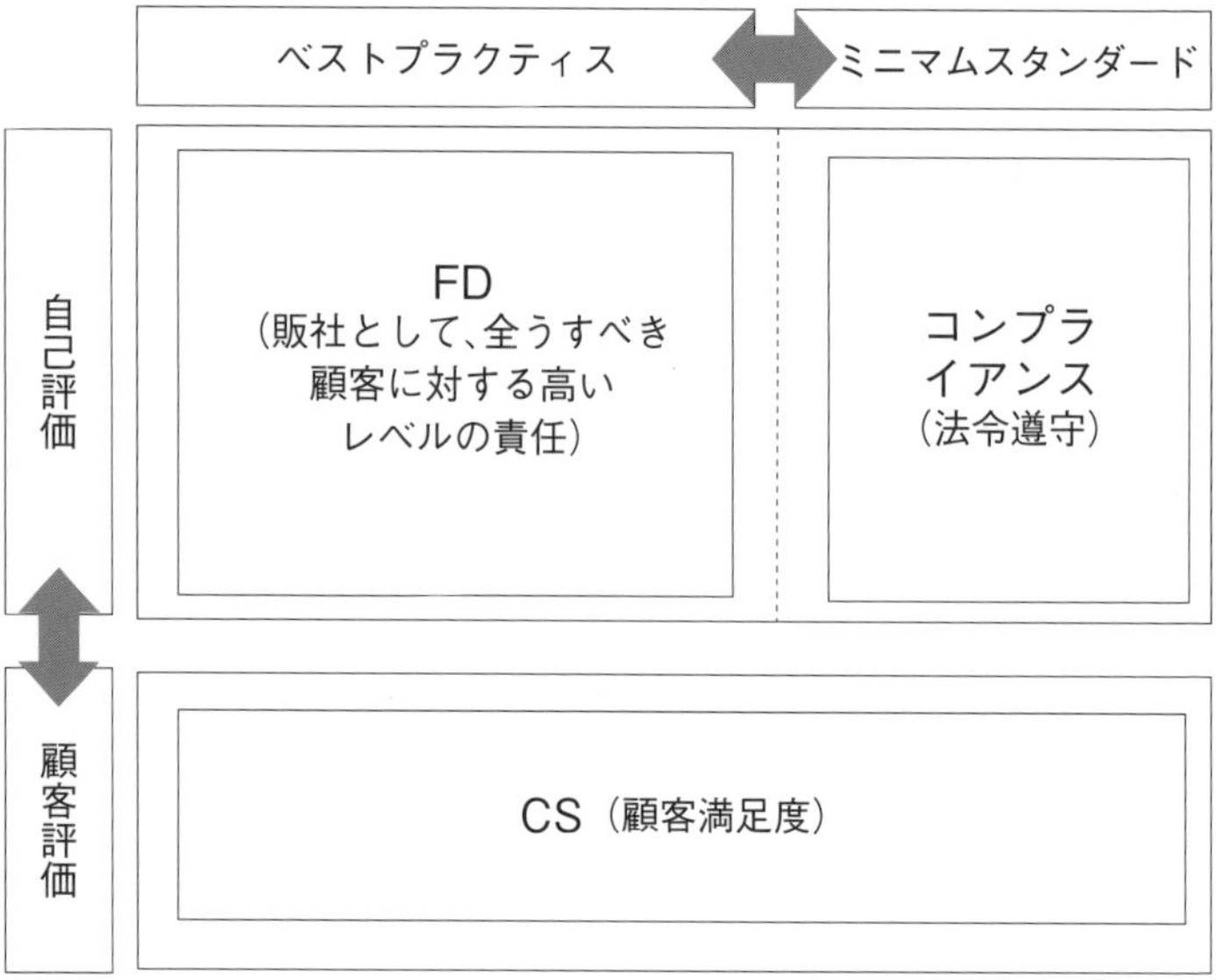

たほうがよいと考えました。

二〇一七年四月の店部長会議で説明した際のイメージ図が図表２―15です。コンプライアンスは法令遵守ですので「ミニマムスタンダード」、ＦＤは「ベストプラクティス」ですから、たとえば、投資信託取引でいえば、「一件一件は何の疑念もない取引記録が作成されていて、法定書面の交付も行われ、コンプライアンス上は何の問題もなくても、一カ月の取引一〇〇件のほとんどがＡ銘柄からＢ銘柄への乗換取引であったら、顧客本位の販売活動となっていない。すなわち、ＦＤ上は

図表2－16　コンプライアンス・FD・CSの違い

たとえば毎月分配型ファンドを求めるお客さまに対して…

①コンプライアンスの観点からの対応	②FDの観点からの対応
・普通分配金と特別分配金の説明	・顧客属性を再確認、ゴールベースアプローチもふまえて分配型ファンドを保有することが顧客の真のニーズ・目的にかなうかを確認 ・必要に応じて他のファンドを提案

CS…①および②に対するお客さまの満足度（感じ方・考え方）

問題があるかもしれない」というような説明も加えました。また、コンプライアンス、ＦＤは観点が異なるものの、いずれも、販売会社としての自己評価であるのに対して、ＣＳは、お客さまがわれわれの活動をどう評価しているかを示すものであるという軸の違いがあると整理しました。

　したがって、コンプライアンス上は問題がない対応でも、お客さまから不満の声が出るかもしれないし、ＦＤ上も疑念がないと考えていても、お客さまからの苦情につながるケースもあります。

　たとえば、図表2－16には、「毎月分配型ファンドを求めるお客さま」の場合を記載しています。毎月分配型を購入したいというお客さまに、法令上、必要な説明をすればコンプライアンス上は問題ないかもしれませんが、ＦＤの観点からは「お客さまの属性を確認し、分配型がお客さまの真のニーズにマッチしているかを考え、必要に応じてほかのファンドも提案すべきである」といった説明も加えました。このような対応をすると、場合によっては「ほしいといっているのだから、すんなり売ってほしい」とCSは低下するかもしれませんが、それでもFDの観点では、こうした対応が必要であると考えています。「自己評価としてFDレベルまで活動できていて、CSもきわめて高い」というのが理想ですが、実際には、自己評価と顧客評価を付き合わせながら、不断の努力を続けていくしかないのだと考えています。

(2) 顧客本位の理念を浸透させるための「目標体系」はどうあるべきか

FD関連の目標として、「販売活動」と「アフターフォロー」に関する項目を設けましたが、さらに、「顧客本位」ということですので、「資産形成層（六〇歳未満）」と「高齢層（六〇歳以上）」というお客さまの属性にあわせて、内容の異なる項目としました（図表2－17）。

「販売活動」についていえば、六〇歳未満は「投資信託販売の全体件数のうちの積立投

図表2－17　FD関連目標

[運営方針]（弊社目標ガイドラインより抜粋）

「目指す顧客本位のコンサルティング活動」を踏まえ、顧客保護の遵守（ミニマムスタンダード）に留まらず、より優れた業務運営（ベストプラクティス）の推進を評価

「目指す顧客本位のコンサルティング活動」
①ライフサイクルに応じて変化する、資産・負債状況やそれに沿ったニーズをそれぞれのお客さまと共有した上でお客さまの真の利益に適う商品・サービスを提供するコンサルティング
②お客さまの金融資産に応じ、顧客の将来を見据えた金融資産の成長をサポートするコンサルティング

[評価基準]

資産形成層	
販売活動	積立投資を活用したコンサルティングの実践状況
アフターフォロー活動	既契約者等へのアフターフォロー状況
高齢層	
販売活動	特定商品（群）への提案の偏りがないこと
アフターフォロー活動	既契約者等へのアフターフォロー状況

図表２－18　自動購入プラン契約口座数の推移

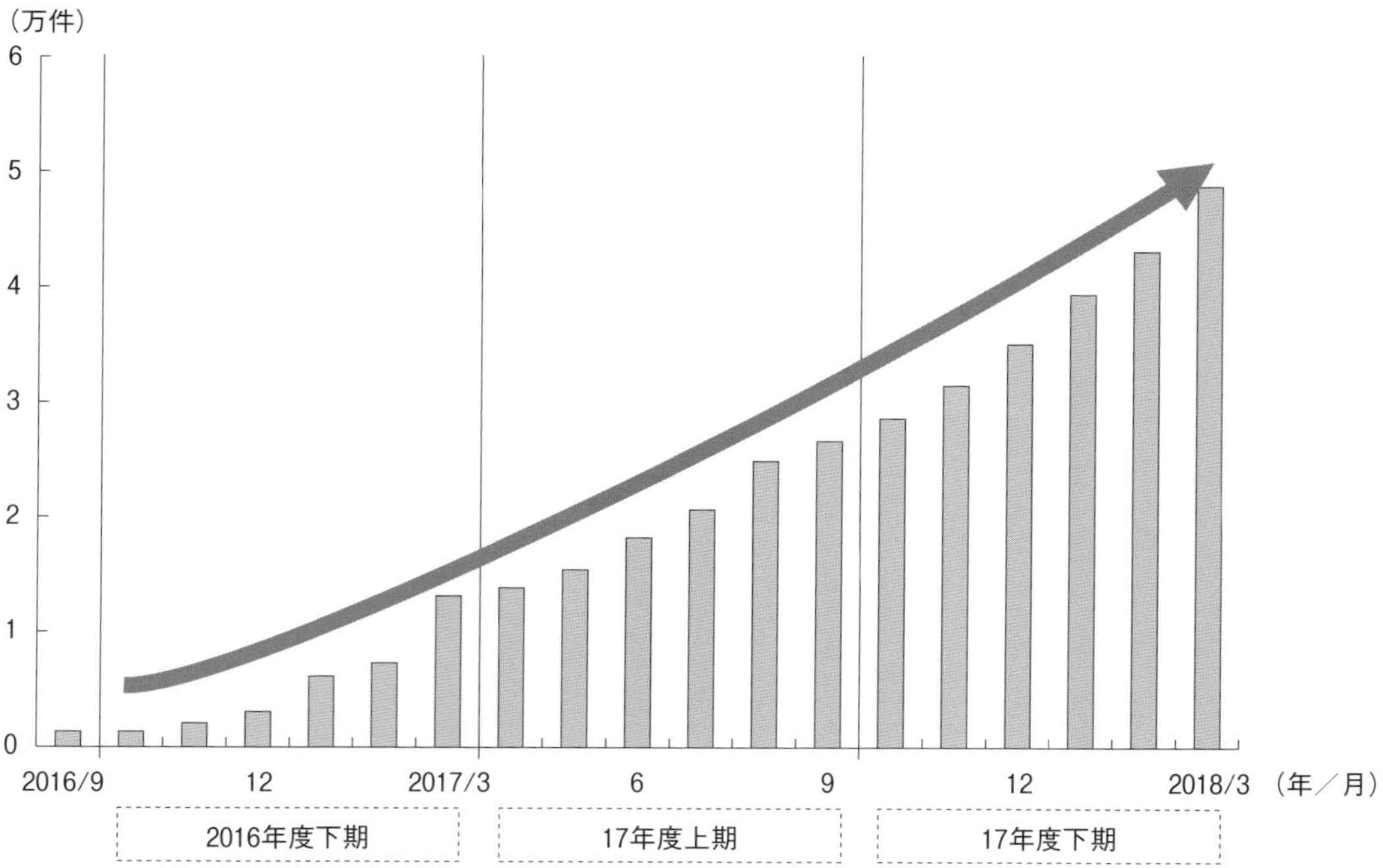

図表2－19　【NISA口座】自動購入プラン契約件数上位ファンド

高齢層	1	日本株式ファンド（1年）	6	外国株式ファンド（1年）
	2	バランスファンド（IDX）	7	バランスファンド
	3	外国株式ファンド（1年）	8	商品ファンド
	4	日本株式ファンド（IDX）	9	バランスファンド
	5	外国債券ファンド	10	J-REITファンド
退職前後層	1	バランスファンド（IDX）	6	バランスファンド
	2	日本株式ファンド（1年）	7	商品ファンド
	3	外国株式ファンド（1年）	8	バランスファンド
	4	外国株式ファンド（1年）	9	J-REITファンド
	5	日本株式ファンド（IDX）	10	外国債券ファンド
資産形成層	1	バランスファンド（IDX）	6	外国株式ファンド（1年）
	2	外国株式ファンド（1年）	7	新興国株式ファンド（IDX）
	3	日本株式ファンド（1年）	8	外国株式ファンド（IDX）
	4	バランスファンド	9	外国株式ファンド（IDX）
	5	日本株式ファンド（IDX）	10	日本株式ファンド（IDX）

（注1）　2017年4月1日～2018年3月30日、件数ベース。
（注2）　（IDX）：インデックス型ファンド。
（注3）　（1年）：1年決算型ファンド。

図表２－20　販売件数の偏り状況の指数化（HHI指数）

➢HHI指数とは？

ハーフィンダール・ハーシュマン・インデックス

ある産業の市場における企業の競争状態や、信用リスク管理において与信集中の状況を表す指標として用いられる。

たとえば、ある産業に属するすべての個別事業者ごとに、事業シェア（％）を二乗した値を計算し、合計したものと定義される。

HHIは独占状態においては１（数値に％表示のものを用いるときには10,000）となり、競争が広くいきわたるほど０に近づく。

たとえば、取扱商品が４つある場合、

・均等に販売しているＡ支店：

$HHI = 25\%^2 + 25\%^2 + 25\%^2 + 25\%^2 \fallingdotseq 0.25$

・１つのファンドのみを販売しているＢ支店：

$HHI = 100\%^2 + 0\%^2 + 0\%^2 + 0\%^2 \fallingdotseq 1.0$

となり、Ａ支店の指数が低くなる。

資の件数の比率」を、六カ月でどの程度伸ばせたかをみることにしました。

この目標設定以降の「積立投資の契約件数」は図表２－18、「顧客層別の契約上位銘柄」は図表２－19のとおりです。契約件数は、二〇一六年度の下期に約一〇倍、二〇一七年度にはさらに約四倍に増加しています。また、顧客層別の契約上位銘柄では、資産形成層のほうがバランスやインデックス型の投資信託のウェイトが高くなっており、ある程度、顧客属性に応じた販売ができていると考えています。

高齢層向けの販売活動の評価では「販売の偏り状況」をみることにしま

図表2－21　特定ファンドに対する偏りへの対応

（単位：%）

（イメージ）	合計	商品A シェア	商品B シェア	商品C シェア	商品D シェア	商品E シェア	…	HHI指数
A支店	100	14	3	9	7	1		0.073
B支店	100	10	11	6	3	12		0.057
C支店	100	10	7	4	2	2		0.042
D支店	100	9	9	4	3	1		0.058
E支店	100	7	8	3	0	6		0.058
F支店	100	5	2	4	2	1		0.056
⋮	⋮	⋮	⋮	⋮	⋮	⋮		⋮
全店	100	12	9	6	4	4	…	0.053

した。具体的には、企業の競争状態や信用リスク管理における与信集中の状況を表すＨＨＩという指数を用いています。少しマニアックな指数ですが、図表２－20に、シンプルなケースを記載しています。

たとえば、取扱商品が四商品のケースで考えてみると、二五％ずつ偏りなく販売したとすると、この指数では、二五％の二乗を四つ加えることとなり、〇・二五になります。また、一つの商品だけ販売したら「一〇〇％の二乗＋〇％の二乗を三つ」で一となります。このように偏った販売をするほど「この集中度指数」が大きくなる仕組みです。

図表２－21は、ＨＨＩ指数を用いた店部ごとの状況を示すイメージ図です。縦軸に支店名を、横軸に商品名を並べて、表のなかに商品ごとの販売件数シェアを入力し、各シェアの二乗和を右端のＨＨＩ

指数欄に表示しています。

まず、ＨＨＩ指数の水準が全店の単純平均と比較して高いか低いかを確認します。高い場合には、その支店はどの商品に偏って販売しているかを確認します。たとえば、「分配金の高い商品ばかりに偏っていないか」「手数料率が高い商品ばかりに偏っていないか」「さらには資金源泉が乗換えに偏った販売となっていないか」など、複数の視点で販売状況を確認しています。

ただし、特定商品に販売が偏っているからといって、即座に「ＦＤの観点から疑義がある」とは考えていません。ターミナル店か郊外店か、地方店かなどによって顧客層が異なれば、販売状況の偏り具合に差が出るほうが自然であるかもしれないからです。その一方で、同じような支店と比較して「偏り」が発生しているのであれば、顧客本位の販売状況になっていないのではないかとチェックしてみる必要があると考えています。

さらに、二〇一七年度上期には、ＦＤ活動を担保する方向で、業績評価項目の見直し・強化をしました。二〇一七年上期に変更した主なポイントは以下のとおりです。

①　フロー収益の評価方法を変更

②　残高関連目標の配点増加

③　基盤関連項目の配点アップ

④　ＦＤ項目の配点アップ

⑤　顧客セグメントの変更（資産形成層／高齢層→資産形成層／退職前後層／高齢層）

主な変更点の一つは「フロー収益の評価方法」です。当社はこれまで、それぞれの投資信託・保険の実収益をベースに評価していましたが、二〇一七年上期より手数料説明資料と平仄をあわせるかたちで、担当者がお客さまに提供した付加価値の大きさを基準に評価する考え方に変更しました。

この目標体系変更の背景には、当社の販売手数料やランニングの手数料に関する考え方を再整理したことがありますので、ここで、当社の手数料の考え方を概説いたします。

図表２−22の資料は、手数料などをお客さまにわかりやすく説明する活動の一つとして、配備したものです。投資信託を購入いただく際に「負担する手数料の種類」「手数料の対価」「手数料水準の決定要因」等をお客さまに説明できるような内容にすることを目指して作成しました。

たとえば、購入手数料の対価は「販売時の説明」の付加価値ですから、その決定要因は「主に商品説明の難易度」とし、「信託報酬」はランニング収益、すなわち、アフターフォ

三井住友信託銀行が販売会社として受け取る手数料水準の基本的な考え方

当社では、お客さまに投資信託をご購入いただいた際に、販売会社としてご提供したサービスの対価として、①購入時手数料と②運用管理費用（信託報酬）を頂戴いたします。
当社が受け取る手数料の水準については、投資資産や投資地域、投資手法等により「商品説明の難易度」と「投資資産のリスクの大きさ（値動きの大きさ）」を基準としており、基本的に「商品説明の難易度が高い」「リスクの大きい」投資信託のほうがより高い手数料となります。

①購入時手数料

投資信託は投資資産や投資地域、投資手法等により商品の複雑さが異なり、商品が複雑であるほど商品説明の難易度が高いため、購入時手数料は「商品説明の難易度」を基準に評価し水準を決定しております。

「商品説明の難易度」の評価例

商品説明の難易度

低 → 高

投資地域	国内	海外（先進国）	海外（新興国）

投資手法	インデックス運用 市場の値動きを指数化した日経平均株価や東証株価指数（TOPIX）等のインデックスの値動きに連動することを目指して運用する比較的シンプルな投資手法です。	アクティブ運用 ファンドマネージャーが独自の調査見通しに基づいて資産配分や銘柄の選択などを行い、市場の平均的な投資収益率以上の運用成果の獲得を目指す投資手法です。

なお、商品提案やコンサルティングを提供する窓口等により、お客さまに提供するサービスや営業・事務コストが異なるため、以下のとおり割引率を設定しております。

お取引窓口等による購入時手数料割引率

（2018年5月現在）

	店　舗	テレフォンバンキング	インターネットバンキング
割引率	割引なし	10％割引	30％割引
割引率	投資信託自動購入プランは、30％割引（全てのお取引窓口）		

各お取引窓口のご利用時間や割引対象商品などについての詳細はお近くの店舗またはホームページ等にてご確認ください。

②運用管理費用（信託報酬）

運用管理費用（信託報酬）については、投資信託購入後の情報提供等によるサービスの対価としての手数料になりますので、主に「投資資産のリスクの大きさ（値動きの大きさ）」を基準に評価し水準を決定しています。

「投資資産のリスクの大きさ」の評価例

リスクの大きさ

小 → 大

投資対象	債券	REIT等	株式

- 本資料は、お客さまへ当社で取り扱う投資信託における主な提供サービスとお客さまが負担する費用および当社販売会社として受け取る手数料の基本的な考え方をご案内するものであり、当社が取り扱う全ての投資信託の購入時手数料や信託報酬の具体的な料率を定めるものではありません。
- 上記表の評価例については一般的な例を示したもので、必ずしも当てはまらない場合があります。

図表2－22　投信関連手数料についての考え方

投資信託における主なご提供サービスとお客さまが負担する費用について

	手数料		ご提供サービス	サービス提供会社
購入時	購入時手数料（※1）		■商品説明等 （運用手法説明、運用相談等） ■販売受付事務	販売会社 投資信託の販売を行います。 投資信託販売後の情報提供、各種事務等を行います。
保有時	運用管理費用（信託報酬）（※2）	販売会社報酬	■購入後の情報提供（運用状況、投資環境等）、運用報告書等の各種書類の送付 ■口座内でのファンドの管理 （解約代金、分配金のお支払い、徴税関連事務等）	（同上）
		委託会社報酬	■信託財産の運用 （投資方針の決定、投資対象銘柄の調査・分析、有価証券の売買指図、運用状況のモニタリング、リスク管理等） ■基準価額の計算 ■開示資料の作成 （目論見書、運用報告書等）	委託会社 投資信託の運用の指図等を行います。
		受託会社報酬	■信託財産の管理 ■委託会社からの指図の実行	受託会社 お預かりした資産を保管・管理します。

詳しくは

上記の費用のほかにも、信託財産留保額や監査費用、有価証券の売買等に係る費用などがかかります。詳細は各投資信託の契約締結前交付書面（目論見書・目論見書補完書面）等をご確認ください。

購入時にかかる費用

（※1）
購入時手数料
投資信託を購入される際に一括で販売会社にお支払いいただくものです。

例　購入時手数料率が2.16％（税込）の投資信託をお申込金額100,000円で購入した場合

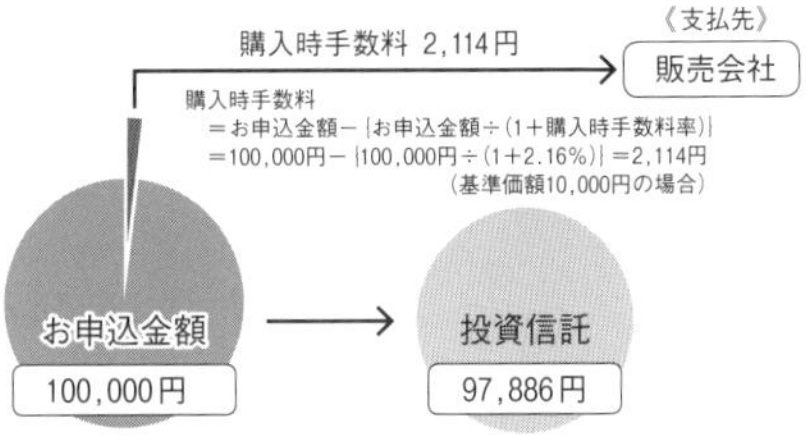

保有時にかかる費用

（※2）
運用管理費用（信託報酬）
運用中の投資信託財産からあらかじめ定められた報酬率で日々計算され、投資信託財産から引き落とされます。
定められた割合で販売会社・委託会社・受託会社に配分されます。

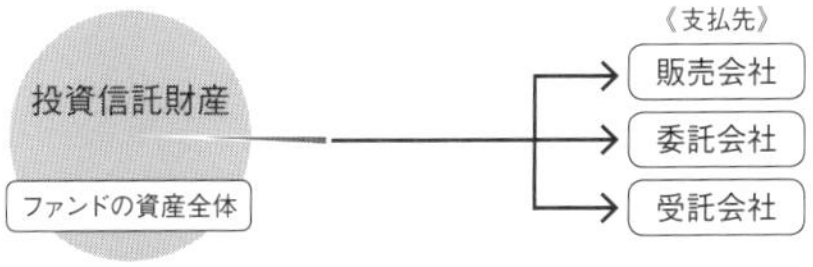

例　運用管理費用（信託報酬）が年率1.08％（税込）の投資信託を100,000円分保有し、1年間基準価額が変わらなかった場合

保有残高	×	運用管理費用（信託報酬）	≒	1年間にかかる運用管理費用（信託報酬）
100,000円		1.08％		1,080円

※上記の運用管理費用（信託報酬）は簡便に計算した概算値です。

⚠ 投資信託は価格の変動などにより損失が生じるおそれがございます。また、ご購入時などに費用等がかかります。詳しくは次頁に記載しておりますので、必ずご覧ください。

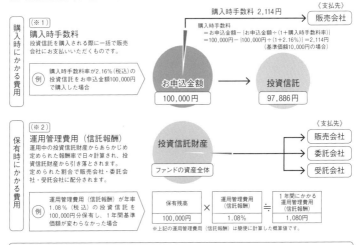

ローの対価ですから、その決定要因は「主に投資資産のリスクの大きさ」によると整理しました。

そこで、この考え方に基づいて、「商品説明の難易度」が高いと想定されるような商品群は（実収益ベースの評価によらず）高いフロー収益の評価ランクを付与し、相対的に「商品説明の難易度」が低いと想定されるような商品群は低いフロー収益の評価ランクを適用することとしました。

このほかにも、顧客セグメントを従来の「資産形成層と高齢層」の二層から、「資産形成層、退職前後層、高齢層」の三層とし、顧客属性に応じた取組みの実態を、よりきめ細かく評価するようにしました。

二〇一六年度下期に取り入れたFD関連業績評価については、このようにその後も、いくつかの見直し・強化を図っています。フィデューシャリー・デューティーに関する取組みは、今後も、たえず進化させていく必要がある、と考えています。

(3) 営業店における自己チェック、「見える化」の仕組みを構築

ＦＤ関連の目標項目を設定しただけでは、営業店にその活動を浸透させることは困難であると考えています。各営業店が、会社の目指す方向と自店の状況を把握し、課題認識をもって活動することが重要であると考え、営業店単位で状況を可視化し、把握できるようなデータの配信を開始しました。

たとえば、投資信託の残高の純増活動については、できるだけリアルタイムで、営業店が自店の活動状況を確認できるような仕組みをつくりました。当社では、以前から投資信託の残高を積み上げる活動を推進するためには、前掲図表2－7に示した「残高の増減」を決める「三つの要因」に着目した各種施策を講じる必要があると考えて取り組んでいます。

すなわち、第一に販売額と解約額の差額である「販売－《マイナス》解約」すなわち純流入額をふやすこと、つまり、乗換えではなくニューマネーにこだわるということ。第二に「分配金」支払による流出を抑えること、つまり、分配金に頼らない販売ストーリーが必要ということ。第三が相場環境による「時価増減」のブレを小さくすることです。

図表2－23　営業店ごとに残高増減の要因を「見える化」

[全店]　　期間：2017年3月末～2017年＊月末

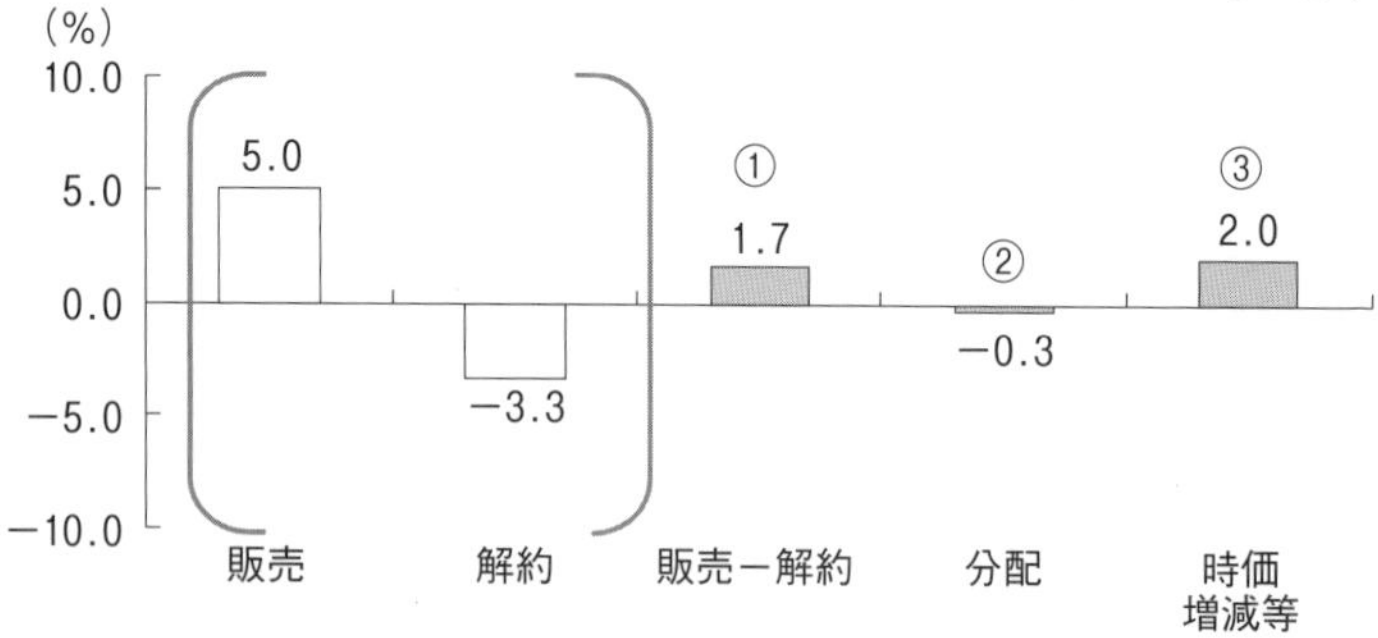

3月末時価(a)	販売	解約	販売－解約	分配	時価増減等	＊月末時価(b)
3,000	150	－100	50	－10	60	3,100
					時価残高増加率	3.3%

(b－a)/a

[◎◎支店]

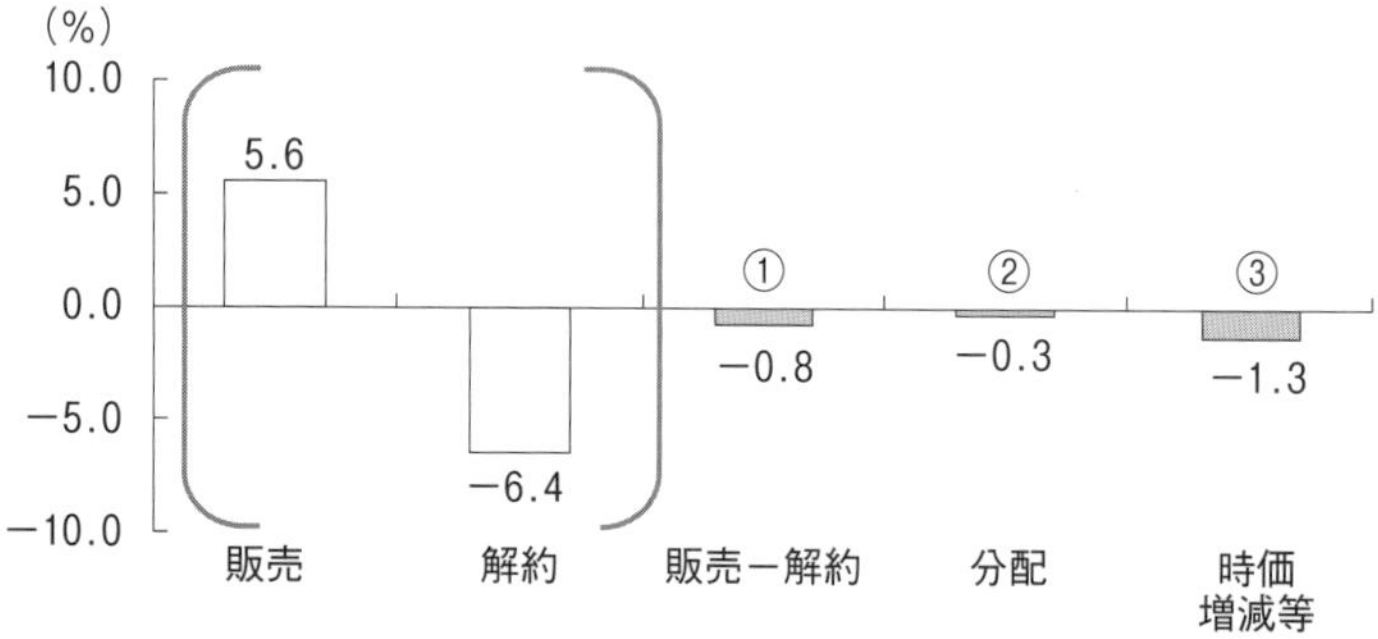

3月末時価(a)	販売	解約	販売－解約	分配	時価増減等	＊月末時価(b)
39.0	2.2	－2.5	－0.3	－0.1	－0.5	38.1
					時価残高増加率	－2.4%

(b－a)/a

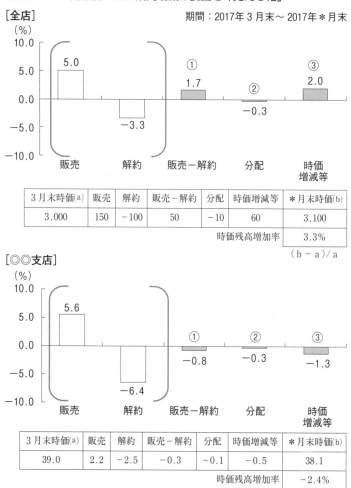

図表２－24　FDカルテ（抜粋）

■時価残高・顧客基盤　関連（担当顧客ベース）　17年上期→

残高	16年下期末 S	T	K	比率	4月 S	T	K	比率	5月 S	T	K	比率
総預り残高	26	63	104	[illegible]	[illegible]	[illegible]	[illegible]	[illegible]	[illegible]	67	111	100%
A 投コン残高	13	32	53	[illegible]	[illegible]	[illegible]	[illegible]	[illegible]	[illegible]	34	56	51%
投資信託残高	6	13	27	[illegible]	[illegible]	[illegible]	[illegible]	[illegible]	[illegible]	14	28	23%
投資一任残高	2	10	7	10%	1	9	8	9%	2	10	8	10%
一時払保険残高	5	9	18	16%	4	9	19	17%	4	10	20	17%
基盤	S	T	K	比率	S	T	K	比率	S	T	K	比率
総預り残高１円以上先	570	932	1507	[illegible]	[illegible]	[illegible]	[illegible]	[illegible]	[illegible]	[illegible]	[illegible]	[illegible]
B 投コン残高あり先	317	461	761	[illegible]	[illegible]	[illegible]	[illegible]	[illegible]	[illegible]	[illegible]	[illegible]	[illegible]
投資信託残高あり先	239	316	555	37%	226	319	579	37%	228	321	574	35%
投資一任残高あり先	25	109	63	7%	21	104	71	6%	22	109	75	6%
一時払保険残高あり先	98	149	265	17%	92	162	287	18%	92	164	288	17%
NISA口座数（ジュニアNISA含）	126	123	262	[illegible]	[illegible]	[illegible]	[illegible]	[illegible]	[illegible]	[illegible]	75	16%
C 積立投資顧客契約者数	5	13	22	[illegible]	[illegible]	[illegible]	[illegible]	[illegible]	[illegible]	[illegible]	27	2%
ファンドラップ契約者数	25	109	63	7%	21	104	71	6%	22	109	75	6%
外貨定期契約者数	6	17	28	2%	9	24	33	2%	13	31	37	3%
平準払保険契約者数（年・終）	38	27	11	3%	37	30	12	3%	38	31	12	3%
平準払保険契約者数（保障）	2	1	1	0%	3	2	1	0%	3	2	1	0%

A：担当者ごとの運用商品残高を確認（顧客セグメント別）

B：担当者ごとの運用商品取引あり顧客数を確認（顧客セグメント別）

C：担当者ごとの積立投資契約者数を確認（顧客セグメント別）

（注）　S：資産形成層、T：退職前後層、K：高齢層

図表2－23は、上段に全店ベース、下段に特定の支店の残高増減と三つの要因の動きを示しています。このサンプルは極端なケースですが、この営業店では、販売は全店平均を上回る一方、解約も全店平均を上回り、結果として、残高増減は全店平均を下回る状況になっています。このように全店平均と比較し、各営業店が三つの要因のどこに強み・弱みがあるかを把握できるようにし、「各営業店部が弱みを克服していければ、銀行全体でも投資信託の残高が積み上がる」という仕組みにしています。

さらに、営業店単位だけでなく、個人別にも「偏った商品の販売状況になっていないか」「ニューマネーでなく、乗換販売の比率が高くなっていないか」「資産形成層、退職前後層、高齢層といった顧客セグメント別にみた場合に、どこかに偏っていることはないか」などを確認できるシート（通称「ＦＤカルテ」）を作成し、担当者一人ひとりの販売状況の「見える化」も図っています（図表2－24）。

6 「顧客本位の業務運営」のさらなる高度化に向けて
――投信・保険ビジネス総合研究所の設立

「顧客本位の業務運営」のさらなる高度化策の一環として、地域金融機関に対して個人向け金融商品採用時の商品評価、採用後のモニタリング、商品選定プロセスの妥当性評価、および人材育成支援サービスを提供する新会社「投信・保険ビジネス総合研究所（略称：M&I総研）」を二〇一七年一二月に設立しました。

その背景には、「預り資産ビジネス」がマスコミ等でクローズアップされる機会も増加しており、販売会社はますます「良質な品揃え」「わかりやすい商品説明」「適切なコンサルティング」が求められる状況になってきているという環境認識があります。

このM&I総研は、図表2－25に記載のとおり、「四つのサービス」を「投資信託・保険横断」的にワンストップでご提供し、その商品評価では「顧客本位の視点」も考慮して行うといった特長があります。

特に、太字部分は独自性が高いサービス内容と考えています。

図表２－25　M&I総研のサービスの特長

〈４つのサービス〉

1．デューデリジェンス（商品選定時の審査）サービス

2．モニタリング（商品採用後の継続チェック）サービス

3．商品選定プロセスの評価と高度化のコンサルティング

4．営業企画・営業推進人材の育成支援サービス

〈投信・保険を横断〉

✓　**個人向け商品の両輪たる投信と保険を網羅**

✓　モニタリング・商品選定プロセス評価は投資一任も対象

〈顧客本位の視点〉

✓　**想定する顧客ニーズと商品選定の適合性の評価**

✓　**コストの合理性、適切な利益相反管理の評価**

✓　**お客さまにわかりやすい情報開示の評価**

（注）　太字項目が“M&I総研”の独自性が高いサービス内容である。

たとえば、投資信託だけでなく保険商品についても、銀行の株主となっている保険会社の商品を優先していないか等、利益相反の観点から透明性の高い運営が求められるようになってきており、M&I総研は、このような環境もふまえ、投資信託・保険を網羅している点が大きな特長の一つと考えています。

二〇一七年一二月一二日付の日本経済新聞の記事は、M&I総研設立の報道に関連して、「顧客本位の業務運営の可視化」をめぐる「業界の新たな動き」を紹介しています。まず、「格付投資情報センター（R&I）が、販売会社の依頼に基づき、販売会社を五段階で評価する」と報じられてい

ます。評価結果の対外公表は販売会社の判断によりますが、個人投資家が販売会社を選ぶ際に参考資料として利用することを想定しているとのことです。また、NTTコム オンラインと三菱アセットブレインズが三三行について非公開型のアンケート調査を実施し、「顧客本位の業務運営に関する項目で高評価を獲得していた銀行は顧客ロイヤルティが高い傾向があった」という分析を公表しています。

このように、さまざまな切り口で販売会社が評価されるようになってきており、この流れは不可逆的なものととらえて、「顧客本位の業務運営」を定着・高度化させていくことが必要であると考えています。

このような環境認識のもと、「顧客本位の業務運営」の定着・高度化を図っていくという理念を共有いただける地域金融機関からM&I総研が出資を受けるケースも出てきています（図表2－26）。

【M&I総研の株主構成】

	現状	本件完了後
三井住友トラスト・ホールディングス	100%	88%
千葉銀行	−	3％
群馬銀行	−	3％
池田泉州銀行	−	3％
きらぼし銀行	−	3％

3．M&I総研の概要（本件完了後）

商　　号	株式会社投信・保険ビジネス総合研究所（略称：M&I総研） （英文表記：Mutual Fund & Insurance Research Institute）
（ブランドシンボルおよび社名ロゴタイプ） M&I 投信・保険ビジネス総合研究所 Mutual Fund & Insurance Research Institute	
本店所在地	東京都港区芝三丁目33番1号
事 業 内 容	投資信託、投資一任および保険商品の評価および販売会社における商品選定プロセスの評価、等
設立年月日	平成29年12月1日
業務開始日	平成30年4月1日
資　本　金	1億5,000万円
株　　主	三井住友トラスト・ホールディングス株式会社 88% 株式会社千葉銀行 3％ 株式会社群馬銀行 3％ 株式会社池田泉州銀行 3％ 株式会社きらぼし銀行 3％
代表取締役	取締役社長 太田 剛

以上

図表２－26　M&I総研への出資

平成30年６月５日

各位

三井住友トラスト・ホールディングス株式会社

投信・保険ビジネス総合研究所（M&I総研）への出資受入れについて
～千葉銀行、群馬銀行、池田泉州銀行及びきらぼし銀行からの出資受入れ～

三井住友トラスト・ホールディングス株式会社（取締役執行役社長：大久保 哲夫、以下「当社」）は、平成30年６月５日に、当社傘下にある株式会社投信・保険ビジネス総合研究所（取締役社長：太田 剛、以下「M&I総研」）が、株式会社千葉銀行（代表取締役頭取：佐久間 英利、以下「千葉銀行」）、株式会社群馬銀行（代表取締役頭取：齋藤 一雄、以下「群馬銀行」）、株式会社池田泉州銀行（代表取締役頭取：藤田 博久、以下「池田泉州銀行」）及び株式会社きらぼし銀行（代表取締役頭取：渡邊 壽信、以下「きらぼし銀行」）からの出資を受入れましたので、お知らせします。

１．出資受入れの理由

三井住友トラスト・グループ（以下「当社グループ」）では、平成29年12月に、投資信託、保険商品の評価・分析等の情報提供やコンサルティングを通じて金融商品販売会社のお客さま本位の業務運営高度化を支援する会社として、M&I総研を設立しました。

当社グループのみならず、わが国におけるお客さま本位の業務運営のより一層の浸透・実践に資する社会インフラの一翼を担うことを目指し、他の金融機関へのサービス提供や出資等を呼びかけてまいりましたが、今回、業務運営高度化を目指す各社のニーズが合致し、出資受入れに至りました。

引き続き幅広く呼びかけを行うことで、わが国における健全な個人向け金融コンサルティングビジネスの発展と、家計におけるリスク管理の理解および資産形成の増進に貢献してまいります。

２．出資受入れの内容等

当社が所有するM&I総研の株式を譲渡し、各社がそれぞれ３％ずつ取得します。

【三井住友トラスト・ホールディングスの譲渡株式数等】

譲渡前所有株式数	6,000株（発行済株式総数比100％）
譲　渡　株　式　数	720株（発行済株式総数比 12％）
譲渡後所有株式数	5,280株（発行済株式総数比 88％）

7 人材育成、営業サポートのインフラ整備

「顧客本位の業務運営」を実現するためには、時間軸を含めて「ビジネスとＦＤが両立」できるようにしていくための各種施策が不可欠であると考えています。そのなかでも、「人材育成」の強化は大きな課題です。

「ビジネスとＦＤの両立」は現場任せということでは、本部の無策・工夫の無さを営業現場やお客さまに「しわ寄せ」することにつながりかねません。営業現場で販売を担う人材の育成をサポートすることも、本部の重要な役割と考えています。

販売員が自分の言葉でお客さまにわかりやすく説明できるようになるには、前提となる基礎力、たとえば、基本的な投資理論、リスクやリターンの概念などの理解が不可欠です。そのような基礎力は各種研修や通信教育などである程度は習得できると考えていますが、それらは必要条件にすぎません。さらに、その基礎力を実践で活用していけるように、「理論と実践」をつなげる訓練の体系整備が重要です。

営業現場からよく出てくる声として、「日々の業務に時間をとられ、人材育成まで手が

図表2－27　販売員が習得すべき項目の明示

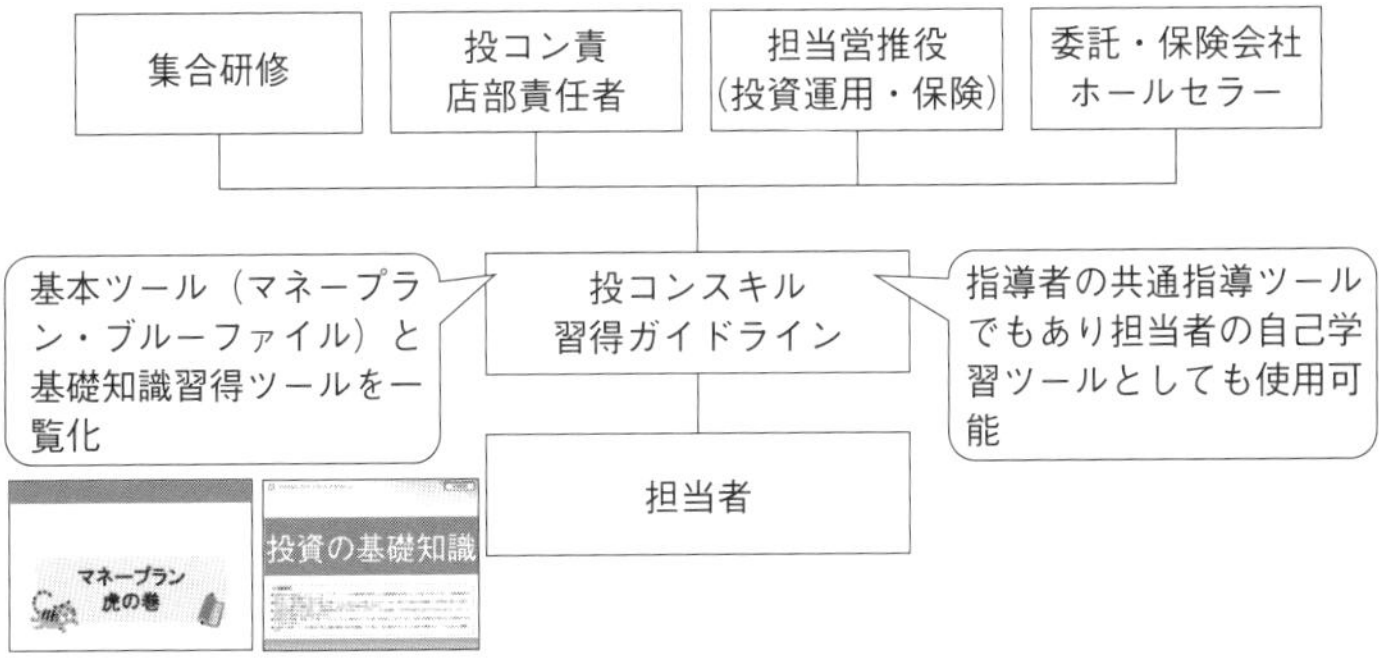

回らない」「教える人によって教える内容が異なり、統一感のある指導ができない」「習得すべき事柄が多く、基本がおろそかになることがある」などがあります。そこで、まずは、担当者が習得すべき項目を「スキル習得のガイドライン」として明示し、主要なツールとの関連づけを行いました（図表2－27）。

まず、優先して習得すべきツールを、基本ツール（マネープラン・ブルーファイル）と基礎知識習得ツール（投資の基礎知識、商品提案のポイント等）に集約しました。さらに、この「主要な提案ツール」については、新人も含めて、全担当者が使い方をきっちりと習得できるように、各ページに解説やトーク事例を記載した通称「虎の巻」を作成しました。当社ではこれらを「指導者の共通指導ツール」と「担当者の自己学習ツール」としての両面で活用しています。

図表２−28　投コン責のスキル可視化（イメージ）

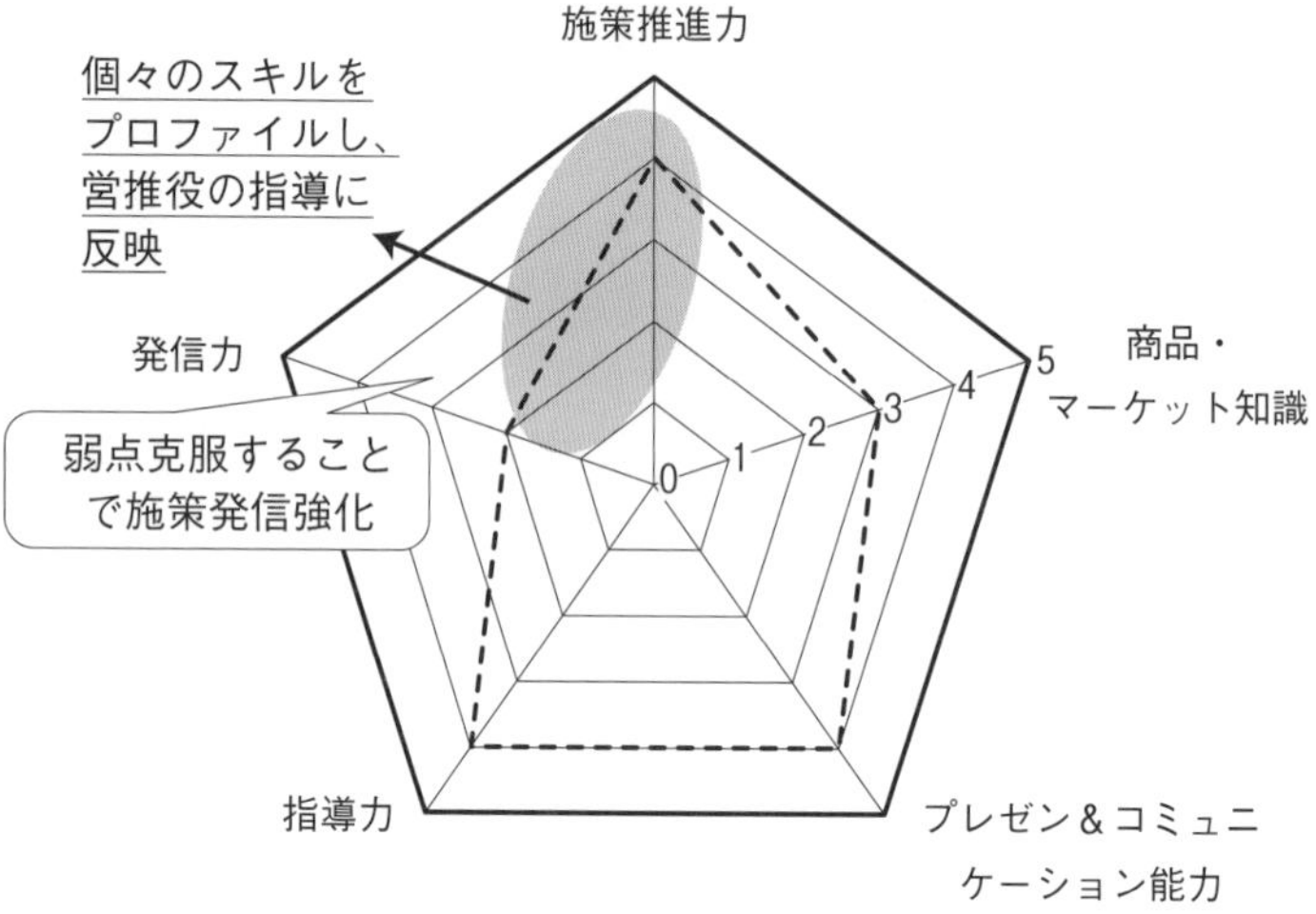

このような主要ツールを、投資運用営推役や投資運用コンサルティング責任者による指導だけではなく、外部講師による指導や集合研修でも活用することで、効率的かつ一貫性のある指導が実施可能であると考えています。

加えて、当社は営業店ごとの施策立案や販売指導を担う「投資運用コンサルティング責任者」を各営業店に配置していますが、このような指導者のスキルアップにも注力しています。

二〇一六年に「投資運用コンサルティング責任者・スキルチェック」を導入し、スキルの見える化を行っています（図表２−28）。これを軸としながら本部所属の投資運用営推役による臨店指導や投資運用コンサルティング責任者研修を通じて、指導スキルの向上を図っています。

毎年、営業現場には、新人も配属されてくることになりますので、本部での集合研修や投資運用営推役が営業店に行って実施する指導だけではなく、営業店現場でも人材育成していけるような仕組みをつくることは、本部が取り組むべき重要課題と考えています。スキル習得ガイドラインの作成、基本とする提案ツール・虎の巻の整備・投資運用コンサルティング責任者の育成等を通じて営業店をサポートすることなどは、その具体例です。

第3章

現場における営業推進モデル

（その理論と実践）

1 営業モデルの構築

第2章では、「預り資産ビジネス」を推進する銀行本部の役割、現場をどう動かし、サポートすべきかについて説明をしましたが、第3章では、「現場における営業推進モデル」についてご説明します。

当社では、長年にわたり、現場に営業推進モデルを定着・浸透させることに注力してきました。図表3－1では、①の「重点活動先の選定」から⑤の「成功事例の水平展開」まで、当社で「五つのプロセス」と呼んでいる全店共通の活動モデルを示しています。

これら一つひとつは特別な活動ではなく、営業店のリーダー的な担当者ならば、日々やっている活動かもしれませんが、そういった営業活動のエッセンスを五つに集約・見える化し、それを全店共通の活動モデルとしたものです。

「五つのプロセス」を簡単に紹介します。

一つ目は、「重点活動先の選定」です。「どのお客さまに提案するか」を担当者任せにするのではなく、支店全体でアプローチ先を選定して、一斉に活動します。

図表3－1　営業活動を5つのプロセスに分解

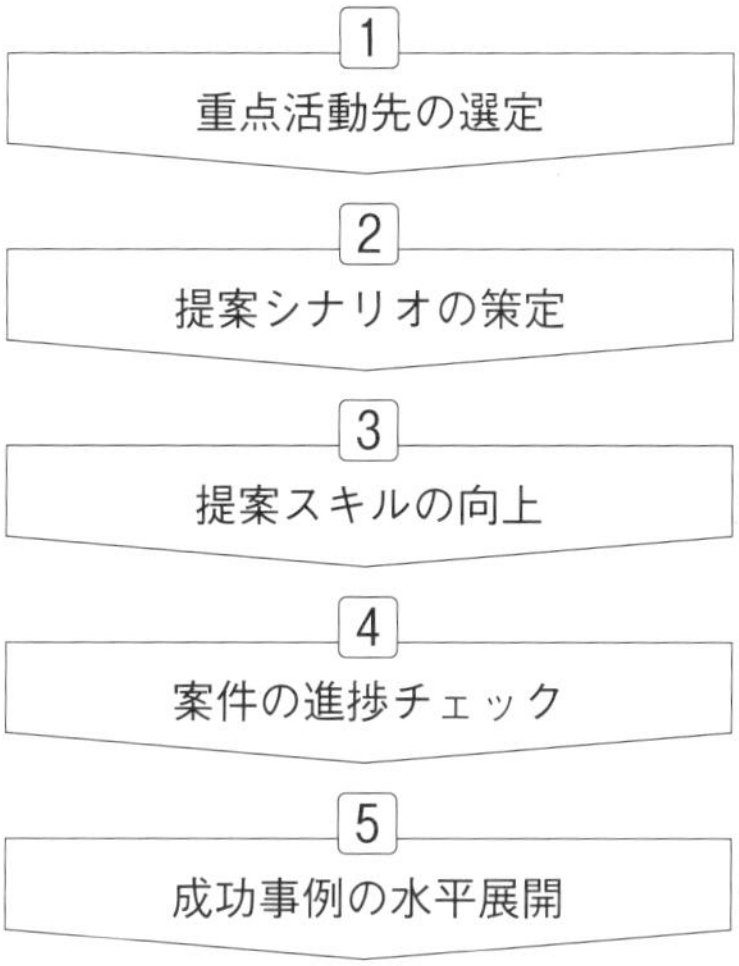

二つ目は、「提案シナリオの策定」です。簡単にいうと、事前準備です。お客さまの属性や過去の取引履歴を確認して、どう提案するか事前にシナリオを練ります。当社ではこれを案件会議と呼んでいますが、これは先輩と後輩、担当者と課長というように複数で行い、さらにお客さまの考えにあわせて選べるように、いくつかのシナリオを準備します。

三つ目は、「提案スキルの向上」です。案件会議でシナリオをつくったら、それをどのツールを使って、どう伝えるかを考え、ロールプレイングで実際にそのとおり提案できるように練習します。ロールプレイングは、時間をつくって店内勉強会として行うこともありますが、朝礼の時間、外訪活動から戻った後など一五分程度の隙間時間を使って日常的にするようにしています。

四つ目は、「案件の進捗チェック」。ここでは、提案した結果だけではなくプロセスの振り返りも行います。

五つ目は「成功事例の水平展開」です。「これはいいな」と思われるような事例は、支店内、全店で共有しています。同様の基準で選定された重点活動先に対して、標準化されたプロセスで活動しているため、成功事例も共有しやすくなります。

営業状況が苦しくなると、本部から支店へのメッセージが、極端にいえば「販売が足りない、とにかく頑張れ」といったものになりがちです。しかしながら、こういわれても、営業現場としては「頑張っているけど、どうすればいいのか」と途方に暮れてしまうだけで、あまり生産的なやりとりにはなりません。このような状況を回避するためには、本部と営業店、担当者が問題意識を共有できるような「共通の言語」を手に入れる必要がありました。それが「五つのプロセス」です。

販売実績が伸びない営業店の典型的なパターンは「提案すべきお客さまに提案できてい

ない」というケースでした。提案先を担当者任せにすると、経験の少ない担当者は特に「行きやすいお客さまのところだけに行く」ということになりがちです。しかしながら、行きやすいお客さまは、すでに投資をしているお客さまで、新たな資金での投資は困難なお客さまかもしれません。本気で「貯蓄から資産形成へ」を進めていくならば、まだ、投資を開始していないお客さまや、親しくはないが懐が深そうなお客さまなど、行きづらいお客さまにも提案することが必要です。そこで、一つ目は「重点活動先の選定」という項目になりました。

ところが、なかには「重点活動先の選定」はいいが、それでも販売実績が伸びないというケースもありました。こうした店では「活動先の選定はいいが、提案ストーリーがよくないので、販売が伸びない」と考えられます。そこで、二つ目の「提案シナリオの策定」というステップが出てきました。

次に「活動先も提案シナリオもいいが、実績が伸びない」という場合もあり、これは「提案シナリオを本番で、お客さまにうまく話せていない」というケースと考えられます。そこで、三つ目のロールプレイングによる「提案スキルの向上」というステップが必要になります。

図表3－2　1人当り販売額をふやすためには

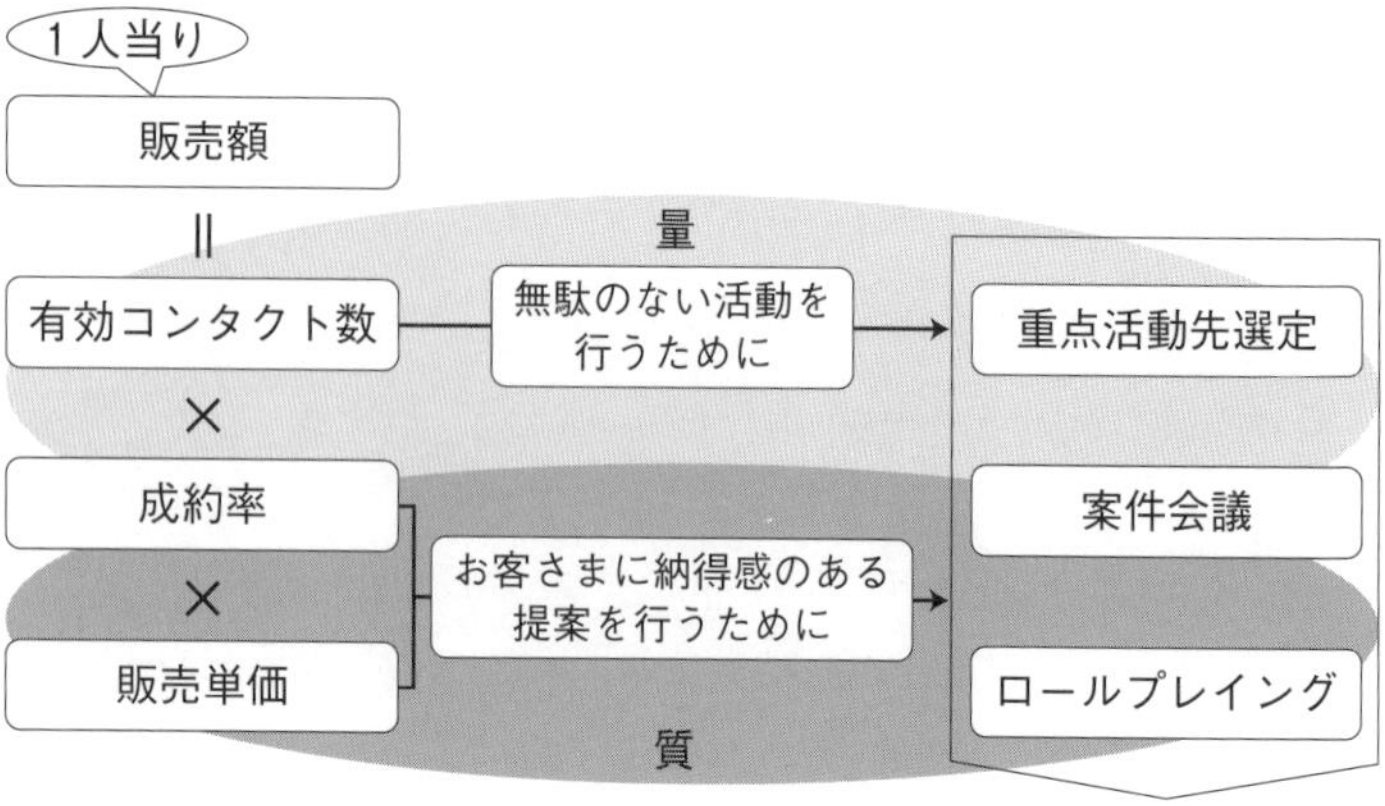

このように、営業プロセスを分解することで、たとえば、A支店は「提案先」に工夫の余地がある、B支店は、案件数は十分だが、他の営業店と比較して成約率が低く、「提案スキルの向上」が課題である、というふうに、どのステップが苦手なのかを把握できるようになります。

図表3－2の左側は、「一人当りの販売額」を三つの要素に因数分解したものです。銀行全体の販売額を引き上げるには、シンプルにいえば「担い手の数を増やす方法」と「一人当りの販売額水準を向上させる方法」がありますが、人員には限りがありますので、「一人当り販売額水準」をどの程度、引き上げられるかが重要と考えています。

この「一人当りの販売額」は、「有効コンタクト数」×「成約率」×「販売単価」に分解できます。有効コンタクト数が主に「量」、成約率と販売単価が主に「質」を表す部分です。「量」の面では、いかに担当者がアポイントメントを入れられるか、「質」の面では、いかに担当者のスキルを引き上げるかを考えます。販売額が低い営業店や担当者は「五つのプロセス」のどこかに改善余地があるはずですから、その課題をあぶり出して改善を図るという体制としています。

2 五つのプロセス実践の秘訣

「五つのプロセス」は、考え方自体はシンプルでオーソドックスなもので、地域金融機関の方々とお話すると、「ぜひ、取り入れたい」というお話を伺うことが多い仕組みの一つです。しかし、実際には、銀行の営業現場全体、全担当者で継続的な実践・定着を図ることが困難であることも確かです。

そこで、本節では、この「五つのプロセス」を現場ベースで実践するうえでの具体的なチェックポイントを説明します。

(1) 重点活動先の選定

◆月次・週次等の営業方針に沿って重点活動先を選定

担当者の行動が「行きやすい先」への活動に限定されることを防ぐことが重要ですので、チェックポイントは「重点活動先は支店の責任者間（支店長・課長・役席者等）で協議して選定されているか」です。

それに加えて「活動内容（期間・量）に見合ったリストであるか」ということも重要です。担当者の活動量には限界がありますので、適切な量になっていなければ、想定以上の期間が必要となり、市場環境の変化などで、提案ストーリーの見直しが必要になってくるかもしれません。このような状況になってしまうと、どんなに的確に重点活動先を選んだとしても、それに対する提案は〝絵に描いた餅〟になってしまいます。たとえば、担当者一人当り、一日に二〇件電話できるとすれば、一週間で一〇〇件など、現実的な活動量を勘案したリスト作成となるように留意することがポイントです。

ここで、実際に重点活動先として本部から配信した例を紹介します。

〈例①〉　年初にＮＩＳＡ口座で購入する傾向のあるお客さま（二〇一八年一月）

二〇一五年一～三月、二〇一六年一～三月、二〇一七年一～三月のいずれかにＮＩＳＡ枠での購入履歴があるお客さまは、これまでのＮＩＳＡ枠を年の初めから使った実績があるわけですから、二〇一八年のＮＩＳＡ枠でも早い段階で投資しようというお考えである可能性が相対的には高いと考えられます。したがって、これまでのお客さまの投資行動をふまえて、年初にＮＩＳＡ枠で投資した実績のあるお客さまのデータを本部から配信しました。また、その際には、二〇一八年からは「つみたてNISA」も開始されていますので、一括のみならず、積立投資や課税口座の利用意向がないかもあわせて確認するようにしました。

〈例②〉 過去のマーケット下落時に購入したことのあるお客さま（二〇一八年二月）

二〇一八年二月上旬に米国長期金利の急上昇を契機に内外株式市場が大幅下落したタイミングで、過去のマーケット下落時に投信を購入した実績のあるお客さまのリストを本部から配信しました。具体的には、リーマンショックやギリシャショック等、過去六回の市場下落時に、その下落発生時から一カ月以内に投信を購入した実績があるお客さまのデータです。このようなお客さまは、市場下落を、むしろ「投資行動を起こす機会」とお考えになる可能性が相対的には高いと考えられますので、委託会社作成の投資環境レポート等も活用して情報提供を行い、投資意向を確認するようにしました。

重点活動先は、翌月分のアプローチ活動の幅を広げることを期待して原則として毎月二五日頃を目途に配信しています。また、現場に〝気づき〟を与えることをねらって「どのような観点で選定したか」、現場が即アクションに移せることをねらって「どの資料を使ってどのように伝えるべきか」もセットで配信しています（次款で説明します）。〈例

①〉は定例の月次配信のケースです。これに加えて、〈例②〉のように、前月には想定できなかったような環境変化があった場合には、定例の月次配信以外に、スポット的に配信することもあります。

定例の月次配信、スポット的な配信のいずれの場合でも、考えてみれば「当たり前」というようなものもありますが、経験の少ない担当者が自ら気づくことが困難であったり、あるいは、気づいていても営業店のシステムでは抽出が困難なリストもありますので、本部として継続的に配信していくことが重要であると考えています。

◆「選定理由・アプローチ方法・活動優先順位・活動期日」もセットで徹底

担当者にリストを渡すだけではなく、「なぜこのリストを配信しているのか」「どういった提案ストーリーでアプローチしていけばよいか」を伝えなければ、担当者の納得感が伴いません。極端な例ですが、リストをみた担当者一人ひとりが「どうお伝えしよう……」と考え込むようではリスト活用が定着しません。したがって、リストとともに「提案ストーリー」と「活用できるツール」もあわせて配信するようにします。さらに、提案ストーリーは、お客さまのお考えに応じて複数パターンを準備しておくことが大切です。

営業現場には活動期日も明示し、定期的に定点チェックを行い、期日到来時には効果検証を実施します。

その活動が有効であると判断すれば、それだけ顧客ニーズがあるということですので、さらにその活動を強化し、効果的でなければ、その要因を見極めたうえで、場合によっては、別の視点で活動先を選定し直します。有効かどうかを判断する材料としては、たとえば、支店別・担当者別に成約件数や成約率を比較し、うまくいっている支店や担当者のアプローチに汎用性があるならば、その活動の定着を図ります。また、リストを変更したり、再作成したりした際には、あらためて朝礼・夕礼等で変更事由や活動期限を周知徹底することも重要です。

(2) 提案シナリオの策定(案件会議)

◆提案の幅を広げる・質を高める

「提案シナリオの策定」は、「五つのプロセス」の二つ目に当たります。具体的には、一つ目の「重点活動先の選定」で抽出した対象先やアポイント先に対し、「提案の切り口」

や「納得感のあるシナリオ」を準備するための「案件会議」を実施することです。「提案シナリオの策定」と次項で説明する「提案スキルの向上」は、担当者の販売額を「有効コンタクト数」「成約率」「販売単価」の三つの要素に分解した場合に、活動の〝質〟的な部分、すなわち「成約率」と「販売単価」を高めるための取組みに当たります。

この「案件会議」を実のあるものにするためには、参加者がしっかりとした目的意識をもつことが大切です。案件会議の目的は、販売員が一人で考えるのではなく複数の目線で考えることで、提案の幅を広げたり、質を高めたりすることにあります。特に、①支店長や次長、②営業経験が豊富な先輩、③情報や知識が豊富な投資運用営推役や投資運用コンサルティング責任者、④不動産や資産承継・相続関連の知識が豊富な担当者など、バックグラウンドが異なる複数のメンバーで取り組むことが効果的です。

◆業務状況・案件に応じて臨機応変に実施

「案件会議」の形態や頻度には、状況に応じてさまざまなパターンがあります。図表3－3には、典型的な三パターンを掲載していますが、それぞれにメリット・デメリットがあ

図表３－３　案件会議のパターン

[全員参加型（重要案件）]

【例】
頻度：月に１回
参加者：店部長席・営推役・投コン責・担当者

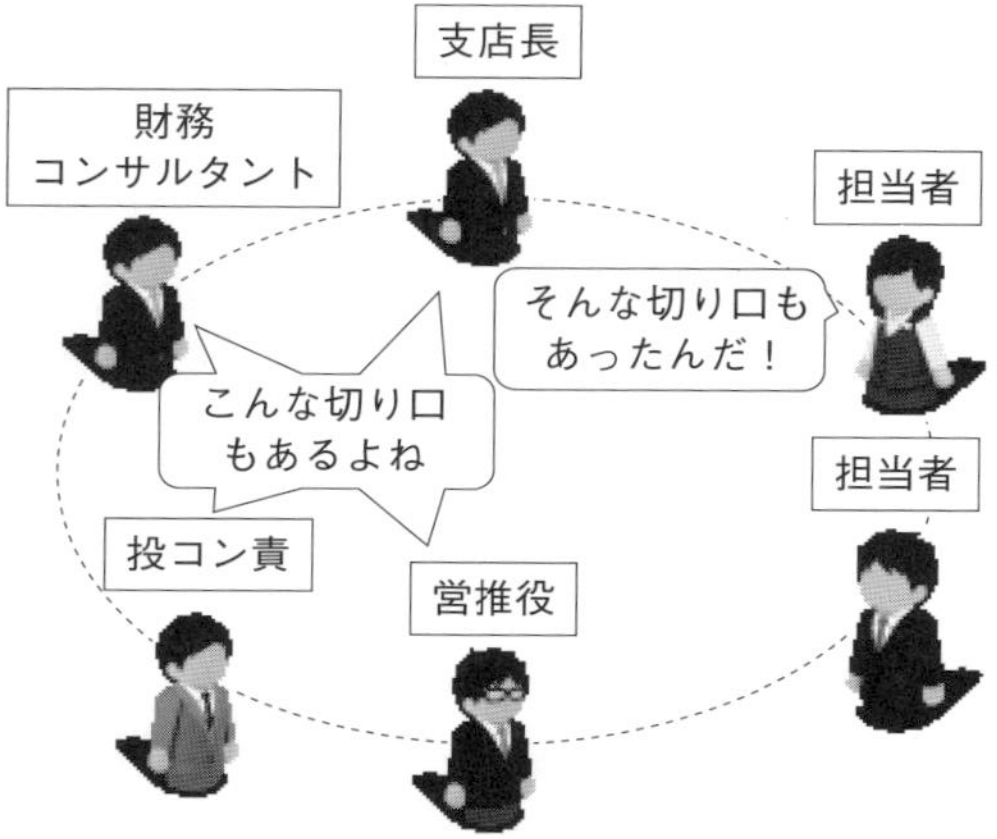

✓店部としてどのような対象にどのように提案するか統一できる
✓さまざまな切り口の気づきがあり、クロスセルなど案件の深掘りが期待できる

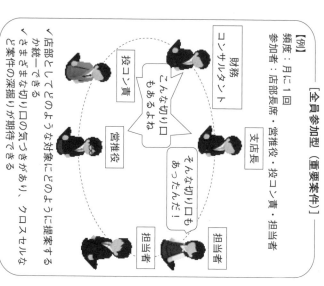

[個別型①（難易度高）]

【例】
頻度：週に１回
参加者：投コン責と担当者
　　　　営推役・投コン責と担当者

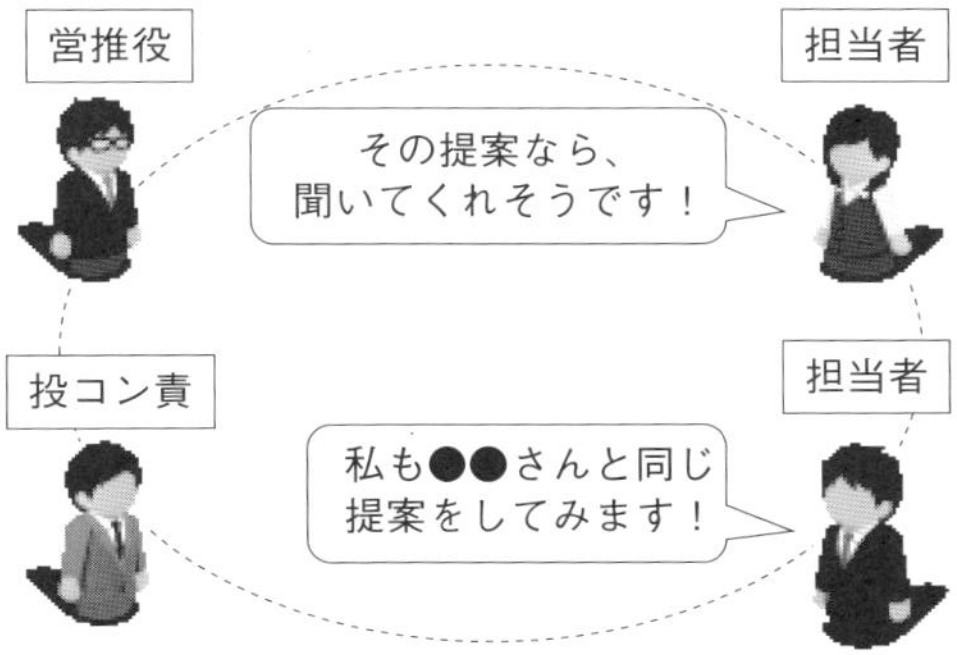

✓経験・知識・情報が豊富な立場からアドバイスをすることで担当者の引出しがふえる
✓担当者の指導、レベルアップの機会になる

[個別型②（効率重視）]

【例】
頻度：毎日
参加者：先輩と後輩
　　　　同僚ペア

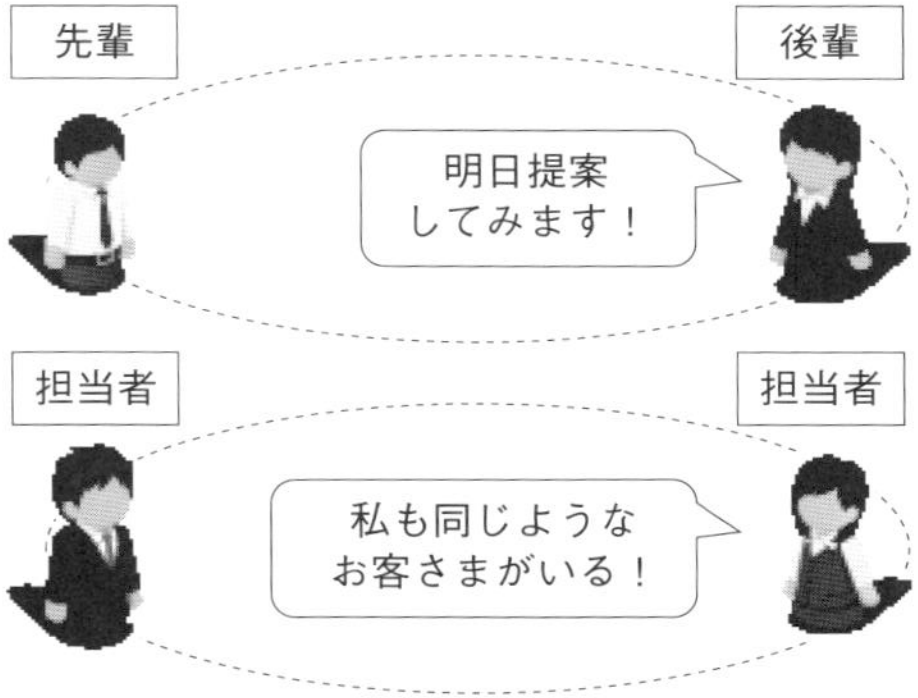

✓時間・場所を選ばず、常に実施できる
✓類似した案件に応用できる

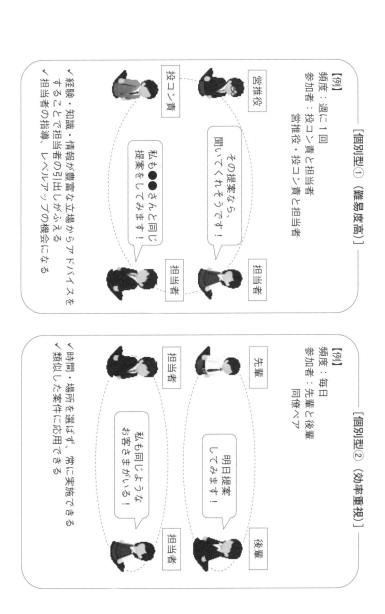

りますので、業務状況・提案の難易度等に応じて効果的な形態・頻度で実施することがポイントです。

たとえば、一カ月に一度、全員で二〇件のシナリオを考えるよりは、少人数でも、毎日、数件のシナリオを考えるほうが効率的なことが多いと考えています。まとめて実施すると、提案ストーリーは旬の期間が長いものになりがちで、提案結果が出るまでの期間も長くなるため、どうしても進捗管理面で甘くなり、〝やりっ放し〟になってしまう可能性が高くなるからです。それに対して、たとえば、翌日のアポイント先を念頭に置いて、先輩と後輩、責任者と担当者の間で、コンパクトに実施すれば、タイムリーな提案ストーリーを準備しやすいですし、翌日には結果が判明するため、必要な改善策もすぐに打てることとなります。このような開催形態であれば、朝礼前や夕方など、ちょっとした営業の隙間時間での実践も可能です。

一方で、不動産取引や資産承継などが見込める先では、経験豊富な上司や知識が豊富な他課のメンバーも交えてまとまった時間を取り、じっくりシナリオを練るほうが提案の質を高めやすい場合もあります。

いずれにしても「案件会議」を実施すること自体が目的化・義務化しないように、しっかりとした進捗管理や結果の検証、事例共有を行うことが重要です。どうしても、金額の大きさや結果のみに目が行きがちですが、実際には、プロセスを重視すること、特定の事例で成約の決め手になったポイントに汎用性・再現性はあるか、うまくいかなかった事例に改善のヒントがないかを検討することが大切であると考えています。

「案件会議」の流れを、あらためて図表3－4で確認します。①担当者自ら「提案シナリオ」を考える、②お客さまの意向にあった「納得感のある提案内容」であるか確認する、③お客さまに確認したい情報や意向を整理し、確認するための質問を考える、④提案の「メインシナリオ」を策定する、⑤想定と異なるご意向、予想されるネガティブな反応への準備をする、⑥提案に必要な資料を準備する、⑦「提案ストーリー」を組み立て、声に出して確認するという流れです。

担当者のレベルアップのためには、まず担当者自らが「提案シナリオ」を考えたうえで「案件会議」の場に臨み、上席や先輩からアドバイスをもらうようにすることが大切です。さらに、お客さまの心に響くような提案を行うためには、「使用する資料を準備し、声に出してみる」ことも重要です。これは、いわゆるロールプレイングで、三つ目のプロセスに当たります。

図表３－４　案件会議の流れ

① 担当者自ら「提案シナリオ」を考える

↓

② お客さまの意向にあった納得感のある提案内容であるか確認する

↓

③ お客さまから聞き出したい情報や意向を整理し、聞き出すための質問を考える

↓

④ 提案の「メインシナリオ」を策定する

↓

⑤ 想定と異なるご意向、予想されるネガティブな反応への準備をする

↓

⑥ 提案に必要な資料を準備する

↓

⑦「提案ストーリー」を組み立て、声に出して確認する

(3) 提案スキルの向上(ロールプレイング)

実際に提案ストーリーを声に出し、資料も使いながら、ロールプレイングを行ってみることで、「提案の流れに違和感がないか」「納得感のある説明ができているか」「つまずきそうなところはないか」「お客さまにとってむずかしい言葉遣いになっていないか」などを把握できます。

お客さまとの面談前に、不安な点を修正・解消しておくことで、経験の浅い担当者でも自信をもって提案に臨めるという効果もあります。また、ロールプレイング実施にあたっては、別の担当者が聞き手(お客さま役)として「お客さまの立場」で考えてみることで、双方のレベルアップにもなります。お客さまへの提案後は、修正点・改善点がなかったかを振り返り、必要に応じて部分的なロールプレイングを実施することもあります。

一方で、「ロールプレイングを実施するように本部が旗を振っているが、なかなか定着しない」といった話を聞くことが多いのも確かです。当社の場合は「販売実践研修」という本部主催の集合研修を半期に数回、実施しており、そのなかでは、必ずロールプレイングを行っています。本部主催の集合研修は、営業担当者がコスト（時間と交通費）をかけて集まってくるものですから、「単なるお勉強ではなく、参加者が明日から実践で思わず使ってみたくなるような内容」でなければ、その研修自体が失敗になってしまいます。そうならないためには、考え抜かれたストーリーに基づくロールプレイングの実施が不可欠であると考えています。

この集合研修でのロールプレイング実施には、もう一つのねらいがあります。それは、全店ベースでの「ロールプレイング」の定着です。集合研修ですので、普段は顔をあわせない担当者とロールプレイングを実施することとなります。ここで、恥ずかしいといった気持ちから躊躇していると相手役の参加者に迷惑がかかってしまうことになります。普段、顔をあわせない担当者であるからこそ、業務上必要なことであると割り切って「ロールプレイング」に集中できるといった側面があると考えています。

このようなかたちで何年も継続して販売実践研修のメニューとしてロールプレイングを実施してきていますので、いまでは、中堅社員であっても「ロールプレイングはやって当たり前。むしろ、実施していないと提案前に不安なので、上司や同僚にみてほしい」と考えるようになりました。

一方で、営業店でのロールプレイングについては、「必要性は理解できても、多忙ななか、時間を見つけて継続的に実施するのがむずかしい」といった声もよく聞きます。

当社では、先にご紹介した「案件会議」の場で、数分でもロールプレイングを実施したり、お客さまへの訪問（来店）前のわずかな隙間時間に、提案ストーリーの確認のためのショートロープレを行ったりするようにしています。また、日常の朝礼や夕礼の場等を活用し、「新商品や新しい営業ツール・レポートを使ってみる」「その時々のテーマに応じた提案話法を練習する」といった目的で、同じく限られた時間内でロールプレイングを実施するなどにより、営業現場でのロールプレイングの定着を図っています。

ロールプレイングを実施する際に留意すべきポイントを紹介します。

① 目的や状況設定を明確にする

ロールプレイングは、考えた提案ストーリーをより効果的に伝えられるようにすることが目的です。実施の時間だけを決め、場当たり的に状況設定して実施しても大きな効果は見込めません。ロールプレイング実施が目的化しないように、しっかり状況設定することがポイントです。

② 「お客さま役」は具体的に指摘する

ロールプレイングを実施する担当者に、お客さま役からアドバイスや不足している部分の指摘をする際には、「わかりにくかった」といった抽象的な指摘ではなく、「このツールは、こう使ったほうが効果的」とか、「ここは、こう言ったほうが伝わりやすい」というように、具体的に指摘することが大切です。

「五つのプロセス」の二つ目の「案件会議」によって、「このようなニーズがありそう」「この資料を使って、こんなストーリーで」と提案方針が定まったとしても、担当者が実際にお客さまとお会いした時に、そのとおりにお伝えできるとは限りません。特に、経験の浅い担当者は、自信をもって提案できないケースも多く、せっかくなるほどというストーリーを準備していても、その内容を臨場感をもってお伝えできないということになりがちです。

「ロールプレイング＝負担感」とか、「何となくやりたくない」といった話を聞くこともあります。ロールプレイングをする担当者が「ロールプレイングをしたい、有効である」と考えるようにするためには、たとえば、担当者と上席（お客さま役）でロールプレイングを行うとした場合、上席からは「それを伝えるのであれば、こっちの資料の●頁のほうが合っているんじゃない？」といったアドバイスや、「さっきの専門用語が唐突で、一瞬アレっと思ったよ」といったお客さまの立場からのコメント、そして「少し変えて、もう一度短時間でやってみようか」といった反復練習など、経験の少ない担当者が提案前の不安を解消できるような内容とすることが必要だと考えています。

また、提案の結果どうだったかを担当者に確認することも大切です。確認を励行すれば、「こっちの資料のほうがコンパクトに説明できました。ロープレやっておいてよかったです」「わかりやすかったと言っていただけました」「うまく説明できなかったのはココが理由だと思います。次回は……」などと担当者自身で振り返ることができ、事前準備の大切さを実感することにつながります。

担当者は事前に実際に口に出して提案内容を説明し、資料を指し示してみる。「お客さま役」は前向きかつ具体的な指摘を行う。このような日常的な積み重ねが、お客さまの心に響く提案につながっていくと考えています。

(4) 案件の進捗チェック（進捗管理）

本項では「五つのプロセス」の四つ目「案件の進捗チェック」、次項では五つ目の「成功事例の水平展開」を解説します。この二つは、それ自体が目の前の案件の成約率をアップさせたり、販売単価を引き上げるわけではないので、先の「案件会議」や「ロールプレイング」と比べるとおろそかになりがちですが、「案件の進捗チェック」をすることで活動の軌道修正を図ることができますし、「成功事例の水平展開」で、支店や銀行という〝組織全体として〟のレベルアップにつなげることができます。また、この二つをしっかりと行うことが、先に述べたような「案件会議」や「ロールプレイング」の〝やりっ放し〟を回避することにもなりますので、一つ目～三つ目までと同様に、非常に大切なプロセスであると考えています。

まず、「案件の進捗チェック」についてです。

目的は、現在、案件がどのような状況にあるのかをしっかり把握したうえで、次の一手を考えたり、活動の軌動修正を図ったりすることです。したがって、「何を」「どのように」把握していくのかという販売会社としての考え方を確立しておくことがポイントとなります。

図表3－5は、「担当者の販売額」を「有効コンタクト数」「成約率」「販売単価」の三つの要素に分解したときに、それぞれの部分に対応する管理内容を掲載しています。

まず「販売額」の進捗管理は、いわゆる実績管理であり、目標に対する実績の進捗度合いを確かめることです。進捗管理がこの実績管理のみにとどまっている場合もありますが、実際には、販売額を構成する三つの各要素にまで踏み込んで、行動管理、案件管理まで行うことがポイントです。

「有効コンタクト数」では、〝量〟に関する指標として、架電・面談のコンタクト実数を把握するとともに、これから先のアポイント予定件数も確認します。たとえば、ある担当者に「往訪面談件数が少ない」傾向がある場合には、「外勤と内勤業務のバランスを見直す必要はないか」といった、その担当者の活動の〝質〟についてもチェックすることになります。

「成約率」では、たとえば、ある担当者に「コンタクト数は人一倍多いが、なかなか成約に至らない」といった傾向がある場合には、①アプローチ先を見直したほうがいいのか、②提案ストーリーがお客さまのニーズに合致したものだったか、③お客さまに対する

図表３－５　販売額の構成要素と進捗管理

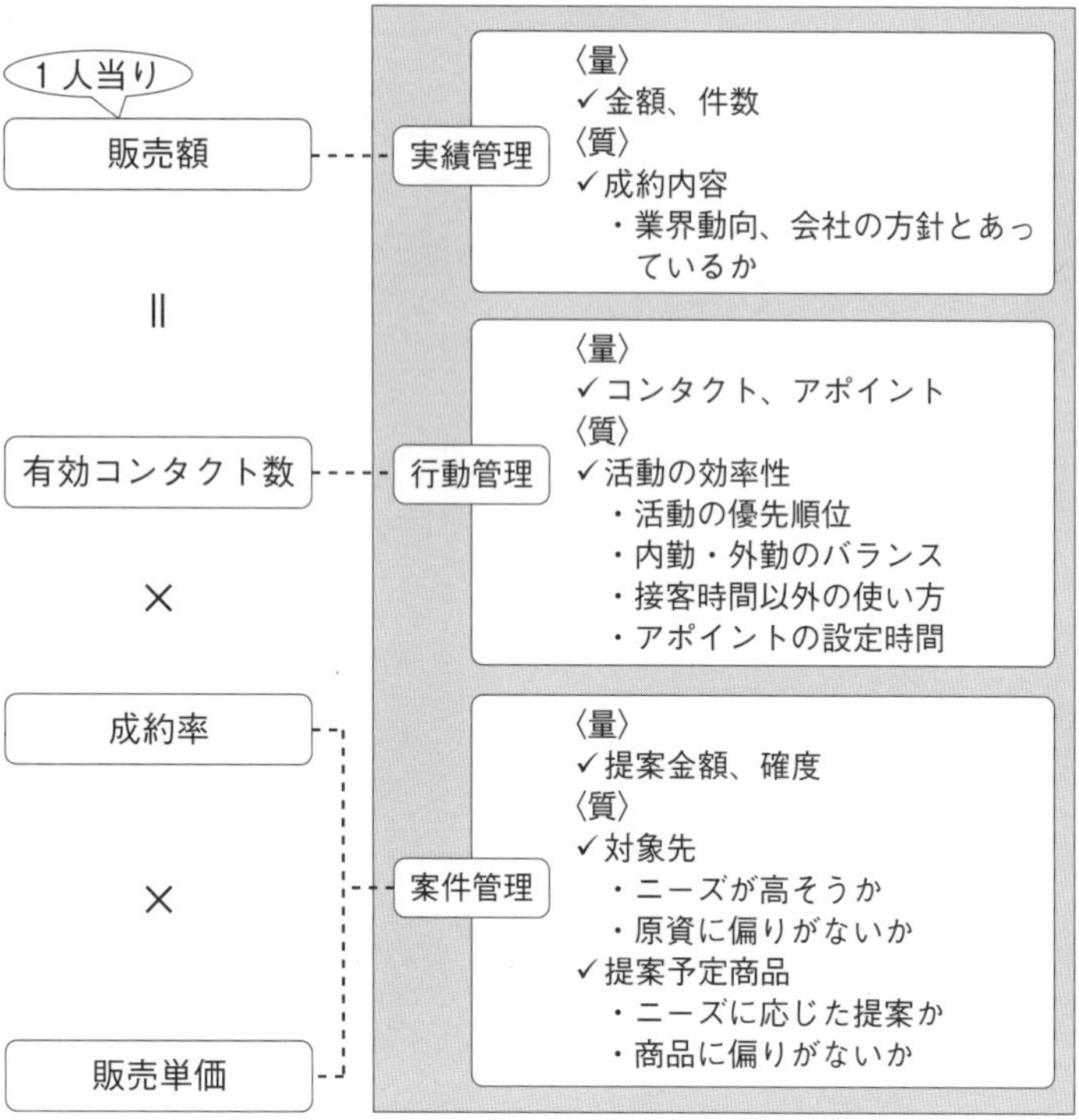

伝え方にもっと工夫すべき点はないか、といった観点から、担当者の活動を検証してみます。

①の場合は「重点活動先の選定」の際に、活動リストを再検討したほうがよいかもしれませんし、②の場合は「提案シナリオの策定（案件会議）」の場面で、「そのようなニーズがあったのであれば、実はこちらの商品

のほうが受け入れられやすいかもしれない」といったアドバイスにより、その担当者の提案内容の軌道修正を図ることができます。また、③の場合は「提案スキルの向上（ロールプレイング）」で〝伝え方〟の改善を図るといったことになります。

「販売単価」では、たとえば、単に目の前にある資金、お預かりしている資金だけをとらえて提案するのではなく、お客さまの属性や他社預かり分も含めた資産状況に照らした適切な提案金額であるかなどを確認します。

以上のような要領で進捗管理をしていくわけですが、当社では図表3－6のとおり、「案件管理シート」という管理ツールを活用して、担当者の案件・営業活動状況を〝見える化〟しています。

このように、営業店別、個人別に進捗管理を行っていくことで、活動上の〝ウィークポイント〟を明確にすることが可能となります。課題が明確になれば、その課題を克服するためには〝どうすればよいか〟ということになりますが、その〝どうすれば〟の部分は、「重点活動先の選定」「提案シナリオの策定（案件会議）」「提案スキルの向上（ロールプレイング）」のプロセスに立ち戻って、どのプロセスの見直し・強化が必要かを考えるようにしています。

図表3－6　案件管理シート

2018　　上期	案件管理シート（Ver3）	4月	4月12日基準

★マークがある箇所は入力必須項目です。（単位：千円、小数点以下切下げ）													
入力日	参考リスト	お客様情報				原資			提案				
									事前（口頭）同意取得	商品			金額
		店番	名義番号	名前	〒	分類	金額（千円）	満期日		分類A投コン	提案商品	提案商品メモ	提案金額（千円）
手入力	手入力	★	★	自動反映	手入力	★	手入力	手入力	プルダウン	★	★プルダウン	手入力	★

【活動状況】																												
案件会議		コンタクト実績（◎：往訪・来店、○架電、▲架電不在）																										
案件会議	ロープレ	2	3	4	5	6	9	10	11	12	13	16	17	18	19	20	23	24	25	26	27						予定コンタクト	
		(月)	(火)	(水)	(木)	(金)	(月)	(火)	(水)	(木)	(金)	(月)	(火)	(水)	(木)	(金)	(月)	(火)	(水)	(木)	(金)						日付	チャネル
手入力	手入力	自動反映																									自動反映	

(5) 成功事例の水平展開

最後に「成功事例の水平展開」についてです。

担当者の提案状況や営業店の活動を確認して、その内容の汎用性・再現性が高いと思われる場合には、「成約事例」として、(支店内にとどまらず) 本部を通じて全店で情報共有することにより、組織全体でのスキルアップを図っています。

たとえば、新しく営業活動に使えるようになった資料や新商品の早期浸透・定着を目的に、お客さまにわかりやすい資料の使い方・ポイントの伝え方・お申込みいただけた内容等を本部で収集し、全店に展開しています。営業店では、店内の朝礼・夕礼や各種会議の場を通じて、「店内の好事例」に加えて「他店の好事例」も発信します。個別の事例・担当者の経験を全体で共有することにより、個々の担当者は提案アプローチの幅を広げることができ、スキル向上にもつながります。

「好事例」というと、一般的には金額が大きな案件にスポットが当たりがちですが、成約金額の大小にかかわらず、お客さまが抱える課題の解決に資する提案か、経験の浅い担当者でも再現性が高そうな資料の使い方か、といった観点から事例を抽出することが大切であると考えています。

再現性の高い事例は、「どのようなお客さまに、どのような資料を使い、どのような話法で提案したら、共感・納得をいただけて、結果、成約となった」という提案の流れ全体が理にかなっています。このような案件の水平展開であれば、「同じようなお客さまが自分の担当先にもいらっしゃるので提案してみよう」「この商品の提案では、この資料を使うとわかりやすいのか」といった具体的な改善点への気づきにつながりやすいと考えています。

最後に、どのように営業店から事例を収集し、その後、本部からどう展開しているかについて、実例をもとに説明します。

本部は、図表3－7の上段のような簡単なメール用のひな型を用意し、営業店は、提案のきっかけ、お客さまのご意向やご年齢等の属性、提案時に使用した資料や話法例とその反応等を入力して、本部に送信します。メールを受信した本部は、投資運用営推役が各自の担当店の事例を持ち寄り、場合によっては追加でヒアリングをしたうえで、発信すべき情報を整理し、図表3－7の下段のような内容で発信するようにしています。

このプロセスを通じて、営業店の担当者は自身の提案を振り返り、ほかの担当者にもポ

図表３－７　事例の収集と還元

［事例収集用ひな型］　　営業店→本部

●●支店（店頭／外訪）	成約内容を記載

【顧客属性】

年齢、性別、職業、金融資産、投資経験等を記載

【提案につながった情報】

✓お客さまの意向や状況等を記載
✓＊＊＊＊＊
✓＊＊＊＊＊

【提案内容】

✓提案契機、使用した資料、提案時のポイント、お客さまの反応等をふまえ、成約に至った流れを記載
✓＊＊＊＊＊
✓＊＊＊＊＊
✓＊＊＊＊＊

［事例還元メール］　　本部→営業店

●●支店（店頭）	退職金の運用相談から＊＊＊ファンド（コア）を成約！

【顧客属性】

60歳男性、民間企業退職者
金融資産：4,000万円（うち当社2,000万円）
投資経験：他社で日経225インデックスを200万円保有

【提案につながった情報】

✓他社で勧められて日経225インデックスを１年ほど前に購入
✓退職金入金案内、アポイント時、入金後の御礼と、面談前に複数回コンタクト（架電）し、しばらく使う予定はないことをあらかじめ確認

【提案内容】

✓退職金運用相談のためご来店
✓『マネープラン（Ｐ５～８）』にて将来のライフイベントや老後の医療・介護にかかる費用、時期などについて示し、長生きへの備えとして資産運用の必要性を説明
✓運用の必要性は感じており、少なくとも５年以上は運用できるとの発言があった一方で、現在保有している日本株投信の値動きも気になるとのことだった
✓そこで、『ブルーファイル（13）』にてコア＆サテライトの考え方を紹介。保有している日本株投信は市場の動きをとらえて収益を期待するサテライトの役割としつつ、将来に備えてじっくり運用する役割としてコアは＊＊＊ファンドを提案した
✓お客さまからは、「投信は大きな値動きのものばかりだと思っていた。今回の資金は大きくふやしたいというわけでもないので長い目で見てじっくり運用してみようと思う」との発言もあり、500万円でお申込みいただくことになった
※マネープラン、ブルーファイルは当社提案資料の名称

イントが伝わるように流れをまとめる（言語化する）ことになりますので、特に、経験の浅い担当者にとっては頭の整理にもなり、その活動自体がスキルアップにもつながると考えています。

あとがき

本書を執筆するきっかけは、二〇一七年七月に、一般社団法人金融財政事情研究会が主催するフィデューシャリー・デューティー実践セミナーで、「「フィデューシャリー・デューティー」の実践に向けた金融機関の取組み事例」と題した講演をお引き受けしたことです。

担当者の方からは、地域金融機関の幹部の方から「三井住友信託銀行の取組みを聞いてみたい」という声が多数届いたと伺いました。当社の取組みもまだまだ手探りの状態で、本来ならば辞退すべきとも考えましたが、その一方で、本件につきましては「どの販売会社さまも真剣に悩んで、お困りのようです」とも伺いました。「受託者責任」という概念と長く付き合ってきた信託銀行で「預り資産ビジネス」に携わる者として、このタイミングでこういうお話をいただいたこと自体が、少し大げさにいえば〝天命〟だと考え直して、このセミナーの講演をお受けしました。そのセミナーにご参加いただいた方々にご好評であったことから、さらに、「三井住友信託銀行での取組みを書籍に取りまとめてはどうか」というお話をいただき、本書を執筆することとなりました。

当社は、一〇年近く前から「コア&サテライト運用戦略」を提唱して、ストック重視の投資信託ビジネスに取り組んで参りました。また、二〇一六年度は〝積立投資元年〟と称して、退職前後層、資産形成層のお客さまを中心に「積立投資戦略」も展開しており、今後も、この二つの戦略を中心に投資信託・ラップ口座の残高積上げを図って参ります。本書では、こういった取組みを中心に解説させていただきましたが、これらは、あくまで当社の経験に基づくもので、また、取組みも多岐にわたっており、いったいどこから開始すればよいのかとお感じの読者の皆さまも多いのではないかと感じます。そこで、私自身がたくさんの金融機関の方と議論したり、これまでの取組みを振り返ってみて、「販売スタイルの変革」に必要だと感じているポイントを七つ記載させていただきますので、少しでも読者の皆さまのヒントになれば幸いです。

〈七つの処方箋〉

① 「預り資産ビジネス」の現実を直視（販売水準は市場次第。相続発生や分配金による残高減少の圧力が大きい）
② 注力する資金源泉を見極める（個人金融資産の八割以上を占める新規資金）

③　どの担い手を伸ばすか（まずは、新人などの育成・販売力アップ）
④　預り資産ビジネスの「骨太な方針」を立てる
⑤　「その方針」を実現するための販売プロセスを確立する（当社でいえば、純増公式、一人当り販売額、五つのプロセスなど）
⑥　「その方針」を担保する業績評価の策定と、その背景の説明（何度でも繰り返す）
⑦　「その方針」に見合った商品投入戦略（投資信託、保険ともに）

「顧客本位の業務運営」と「預り資産ビジネス」の推進は〝対立する考え方〟のようにとらえられることもありますが、一見、対立するようなものでも、その〝両立〟を深く掘り下げて考えていくことで、あるとき一気に視界が広がる、ブレークスルーやイノベーションにつながる、といったことがあると考えています。

そこで、今後の展開につきましても、少しコメントさせていただきます。

「貯蓄から資産形成へ」をさらに推進していくには、もう一段のブレークスルーが必要ではないかと感じております。そのカギは保険商品なども含めた「総合的なコンサルティング」にあるのではないかと考えています。

「人生一〇〇年時代」の到来ともいわれており、たとえば、数億円の資産をおもちの七〇歳代のお客さまでも「老後が心配なので、預金にしておきたい」という方がいらっしゃいます。そんな場合には、まずは終身年金保険をご提案し、「一〇〇歳でも一二〇歳でも、これだけの年金が支給されます」と説明して、老後のご不安を解消してから、一部は投資に回すとか、お子さん、お孫さんに暦年贈与のかたちで資産を移転して積立投資に取り組んでもらうといった提案が有効です。また、資産形成層のお客さまの場合は、「突然、働けなくなったらどうしよう」とか、「ガンになったらどうしよう」といったご不安がありますが、そんな場合には保障性保険でご不安を解消することで、「貯蓄から資産形成」に回すお金をふやしていただくことができます。

当社は、これまで以上に「総合的なコンサルティング」を行っていく、つまり「銀行ビジネスと保険ビジネスを、信託銀行らしく融合させていくこと（〝トラストバンカシュアランス〟）」で、遠回りのようですが、「貯蓄から資産形成へ」の流れをさらに加速させていきたいと考えています。

投資商品と保険商品も、一見、対立するようにとらえられることがありますが、「顧客本位の業務運営」を追求していけば、最終的には「お客さまが不安に感じているリスクを外し、積極的にとってもいいリスクを提供する」という機能が金融機関に求められるものだと思います。投資信託や保険といった商品区分ではなく、そのような機能をシームレスに提供していける金融機関であるかどうかが、ますます重要になっていくと考えています。

何年先のことになるかはわかりませんが、将来、もし機会がありましたら、そのような当社の取組みにつきましても、どこかでご紹介させていただくことで、業界全体として、「貯蓄から資産形成へ」を推進していく一助になればと考えています。

本書の内容は、当社と私自身の狭い経験に基づき、現実のビジネス運営上、必要と感じたこと、そこで用いた分析手法などを記載したものであり、なんら確立された理論でもなければ、学術的な正確性も担保されていません。読者の皆さまからのご意見・ご指導などがありましたら、ありがたく思います。

最後に、本書の刊行にあたっては、三井住友信託銀行株式会社のフィデューシャリー・デューティー推進部長の小足一寿執行役員、投資運用コンサルティング部の預り資産業務サポートチームの佐々木浩人氏、松田陽子氏、岡本仁志氏、今村徳秀氏をはじめとしたさまざまな方々のご協力をいただきました。この場をお借りして心よりお礼を申し上げます。

二〇一八年九月

執行役員　トラストバンカシュアランス推進担当　**井戸　照喜**

■ 著者略歴

井戸　照喜（いど　てるき）

1989年3月東京大学大学院工学系研究科修了、同年住友信託銀行入社（現三井住友信託銀行）。

年金信託部で企業年金の制度設計・年金ALM等に従事、その後、運用商品の開発・選定、年金運用コンサルティング等に従事、2008年からはラップ口座の運用責任者、13年からは投信・保険・ラップ口座等の「預り資産ビジネス」全体を統括する投資運用コンサルティング部長を務め、18年に（銀行ビジネスと保険ビジネスを信託銀行らしく融合させる）トラストバンカシュアランス推進担当役員となり、現在に至る。

日本アナリスト協会検定会員、年金数理人、日本アクチュアリー会正会員。

KINZAIバリュー叢書
銀行ならではの“預り資産ビジネス戦略”
――現場を動かす理論と実践

2018年11月1日　第1刷発行
2018年11月15日　第2刷発行

著　者　井　戸　照　喜
発行者　倉　田　　　勲
印刷所　株式会社日本制作センター

〒160-8520　東京都新宿区南元町19
発　行　所　**一般社団法人 金融財政事情研究会**
企画・制作・販売　**株式会社 き ん ざ い**
出 版 部　TEL 03(3355)2251　FAX 03(3357)7416
販売受付　TEL 03(3358)2891　FAX 03(3358)0037
URL https://www.kinzai.jp/

ISBN978-4-322-13410-0